木質バイオマス熱利用でエネルギーの地産地消

相川高信／伊藤幸男／𠮷 真由美
紫波グリーンエネルギー株式会社
中岸良太／小木曽秀美
BスタイルPJ研究グループ
三木 聡／森 大顕 共著

林業改良普及双書 No.182

まえがき

木質バイオマスのエネルギー利用と言えば、発電用が思い浮かびますが、事業として成立できる条件を考えると、その立地は限られます。ところが、熱利用としてはさまざまな需要（農林水産、工業、民生用、福祉・観光等の冷暖房）が地域にあり、小規模でも成立可能であることから、地域の実情に合わせた事業化が可能であると言えます。ただし、燃料材の生産・供給から熱需要の創出、施設整備・運営面までを含めた一体的な導入方法が求められます。言い換えると、林業関係者はもちろん、地域のさまざまな関係者の知恵と情報を統合した取り組みで熱利用の可能性を開くというものです。

そして大きな特色は、地域の材を使い、地域の人材により地域に熱エネルギー供給という新たな産業（規模は小さくても）を起こす地産地消としての効果です。地域社会のあらゆる活動の基盤を支えるエネルギーを内部で創り出すことで、地域外への支出を減らし、その分を地域づくりの財源に振り向けることも可能となり、すなわちの多くの人々がその恩恵を受けるしくみにもつながります。

本書は、地産地消という視点を意識しながら、木質バイオマスのエネルギー利用事業の実現に向けた技術、事業化の手法などを、実践事例をもとに取りまとめたものです。

林業及び農山村地域という視点から事業化の戦略、市場づくりからビジネス化手法について、相川高信さん（三菱ＵＦＪリサーチ＆コンサルティング主任研究員）、伊藤幸男さん（岩手大学准教授）にまとめていただきました。

事例編では、面的（地域的な熱供給事業）から個別施設での事業化実践例を事業主体の方々にご執筆いただきました。熱利用のカギとなるボイラーの導入、効率的な運営など、数々の実践から得られた成果を参考にして頂けると思います。

資料編では、地域計画としての熱エネルギー事業化の進め方及び熱利用事業の特色などを農林水産省公開資料から紹介し、ボイラー導入の手引きを実践者にまとめていただきました。

本書の取りまとめに当たりましては、都道府県林業普及担当部局、関係機関にご協力をいただきました。本当にありがとうございました。

２０１６年　２月　**全国林業改良普及協会**

目次

公的バイオマスエネルギー需要のつくり方
―地域エネルギー産業創造　67

山形県最上町役場 農林課　管 真由美

徳島県三好市役所 林業振興課　中岸良太

薪から始める小規模システムの経済効果分析
―地域主体のシステムづくり　118

Bスタイル PJ研究グループ
田内裕之（森と里の研究所、元森林総合研究所）
鈴木保志（高知大学）
吉田貴紘、垂水亜紀、北原文章（森林総合研究所）
中山琢夫（京都大学、元JST－RISTEX研究員）

◆資料編

序

山側に幸せをもたらすための木質バイオマス戦略の視点

三菱UFJリサーチ&コンサルティング株式会社
環境・エネルギー部 主任研究員

相川 高信

実践から見えてきた—市場づくりとビジネス化の手法

岩手大学准教授、岩手・木質バイオマス研究会代表

伊藤 幸男

山側に幸せをもたらすための木質バイオマス戦略の視点

三菱ＵＦＪリサーチ＆コンサルティング株式会社 環境・エネルギー部 主任研究員
相川　高信

「供給側の論理」から「需要側から考える」発想へ

東日本大震災と福島第一原発の重大事故から、５年が経過しようとしている。２０１１（平成23）年の夏には、再生可能エネルギー特別措置法（以下、ＦＩＴ制度）が成立し、２０１５年末時点では、全国で１００カ所ともいわれるバイオマス発電所が計画され、バイオマスのエネルギー利用が飛躍的に進むことは間違いない。

ただし、このＦＩＴ制度については、電気の買取価格がドイツ等に比べて高い、規模別の設定になっていない、熱利用のインセンティブがない、持続可能性が考慮されていないなどの問題点があることが繰り返し指摘されてきた*1。ＦＩＴ制度自体は、買取価格を含めて毎年見直しを受け、改善されていくことになるため、「山側」は、制度の長所と短所を冷静に分析した上で、地球温暖化対策やエネルギー需給の見通し、そして持続可能な地域づくりの観点から、より長期的かつ総合的な視点から木質バイオマスの戦略を検討していかなければならない。短絡的で森林・林業セクターの個別最適を追求するような考え方では、持続性という観点を欠き、長期的な幸せに繋がらない可能性があるからである。

そこで、原則として強調しておきたいのは、需要側からのアプローチの重要性である。電力会社や特定の発電分野等の「供給側の論理」で考えるのではなく、「需要側から考える」というアプローチが大切である。つまり、グローバルなエネルギー需給構造及び、地域社会の総合的なグランドデザインの中で、バイオマスの果たすことのできる役割を出発点とするべきである。

本稿では、「需要側からのアプローチ」の視点でバイオマス利用の原則をプランニングのステップ順に整理してみたい。その後に背景説明として、世界のエネルギー需給構造など押さえておきたいグローバルな動向について解説する。

＊1 「ＦＩＴ制度における木質系バイオマス発電に係る提言」自然エネルギー財団（http://jref.or.jp/document/doc_20120423.html）

バイオマス利用の原則とプランニング手順

それでは、まず初めに、「山側の幸せ」に繋がるように、地域におけるバイオマスの利用の原則とプランニングの手順を解説したい。

(1)熱利用をメインにしたプランニング

バイオマスエネルギー事業のプランニングにあたっては、需要側の視点に立って検討をスタートすることが基本である[*2]。その際には、多くの識者が指摘しており、またデータでも明らかなように、熱利用をメインに考えるのが原則である。熱の直接利用では80～90%の高効率を実現するが、発電だけの場合はせいぜい数10%程度の効率しか実現できないからである。そのため、欧州のFIT制度では熱電併給（コ・ジェネレーションまたは、CHP（Combined Heat and Power））と言って、発電だけではなく同時に発生する熱を有効に利用するシステムを推進する仕組みが設けられていることが多い（表1）。

日本では、家庭部門に限っても、暖房や給湯（特にお風呂）のために、日々大量の熱を消費

表１　ドイツのFIT制度におけるバイオマス発電の買取価格（2012年）

設備規模	買取価格（€セント／kWh）	熱電供給ボーナス
～150kW	14.3€セント	6.0€セント
～500kW	12.3€セント	
～5,000kW	11.0€セント	+5.0€セント（500～750kW）
		+4.0€セント（750～5,000kW）
～20,000kW	6.0€セント	ボーナスなし

（出所）EEG（ドイツ再生可能エネルギー法）

しているが、せいぜい40～60℃の温水があれば十分であり、質の高い電気エネルギーや化石燃料を用いる必要はない。
さらに具体的施設の熱需要への対応を考える際には、断熱強化や廃熱利用、太陽熱や地中熱などの環境熱利用も含めて、できるだけ負荷を軽減し、ボイラー等の小型を図ることが、エネルギー効率と採算性の面から重要である。

＊2　「Austrian and European experience of district heating plants and its management」Austrian Energy Agency, 2008

⑵地域で利用可能なバイオマスの洗い出し

日本のＦＩＴ制度において、政策的に利用が促進されているのは、「間伐材等の未利用材等」であり、この燃料が優遇された買取価格になっている。しかし、地域でバイオマス事業をプランニングする際には、これに拘るのは得策ではない。例えば、小型ボイラーを用いた熱供給事業を考えた場合、乾燥チップが必要になるが、公園や果樹園の剪定枝やマツ枯れ被害木なども、燃料の候補になりえる。また、製材端材やバークなども重要なバイオマス燃料である。

(3)熱利用をメインに、可能であれば熱電併給を検討

熱利用だけを考えるのであれば、ボイラーやストーブなどの中小規模の機器でも、高い効率が得られるようになっており[*3]、利用できる技術の選択肢は多い。

ただし、全国の事例調査で明らかになったように、基本となるこの熱利用でさえ、上手く言っている事例ばかりではない。

したがって、まずはバイオマス利用の基本動作として、熱利用の経験値積んでから、次のステップとして熱電併給を考えるのがよい。現状の発電施設は発電プロセスにおいて、余分な熱を大量に捨てている（モノ・ジェネレーション）。しかし熱電併給では、モノジェネよりもはるかに高い総合効率を実現することができる（図2）。

それでは、熱電併給を実現する技術としては、どのようなものがあるのであろうか。

1つ目は、直接燃焼によるものである。一般的に、バイオマス発電には蒸気タービンが用いられる。これは汎用性の高い実証された技術であるが、採算性が見込める規模は５０００ｋＷ e程度以上になり、相当量の熱需要がないと、熱電併給は実現しにくいという難しさがある。

なお、類似技術で中小規模で比較的有望であると思われるのは、ORC（Organic Ranikin Cycle：有機ランキンサイクル）と呼ばれる技術である。これは、水よりも沸点の低い液体を用いてタービンを回して発電するもので、原理は蒸気タービン発電と同じである。ORCは低い温度帯での発電が可能で、主に100kWeから3000kWe程度の出力で使われるが、発電効率はあまり高くなかったが、欧州では20%に達するモデルも出てきた。廃熱利用や地熱利用で実績があったが、近年はバイオマス分野での利用が広まっている*4。中欧の製材工場では、製材工場の乾燥機の廃熱を利用したORC発電の事例などがあり、興味深い*5。

2番目は、ガス化によるものである。これは、バイオマスを比較的低い温度で「蒸し焼き」にして、水素や一酸化炭素、メタン等の可燃性ガスに改変するものである。畜産系・農業系のバイオガス発電はすでに商用化されているが、木質系バイオマスのガス化発電は開発中の技術と評価するのが無難である。欧州においては、ここ10年程度の試行錯誤を経て、稼働実績や導入実績の十分なメーカーのガス化プラントが生き残りつつある。この内のいくつかのものが日本にも導入され始めているが、運転開始時はどこでもトラブルが発生しているようである。したがって、機械の実験をしたいのでなければ、しばらく様子を見るのが無難である。

表2　バイオマスの熱電併給システムの比較

	強み	弱み
直接燃焼	・実績のある、シンプルな、コストの安い技術 ・設備は容易に入手可能で保証がきく ・含水率や大きさで燃料の自由度が高い ・技術について金融機関も理解がある	・NOx、CO、PM（粒子性物質）などの排出が比較的に多い ・発電のみでは効率が悪い ・蒸気タービンによる発電では水が必要
ガス化	・NOx、CO、PMなどの排出が少ない ・理論的な発電効率の高さ ・蒸気タービンを用いなければ、発電に水が不要	・技術が発展途上か、デモンストレーション段階 ・均一な含水率とサイズの燃料が必要

（出所）「Market Assessment of Biomass Gasification and Combustion Technology for Small-and Medium-Scale Applications」Peterson, D & S. Haase（Technical Report NREL/TP-7A2-46190, 2009）より、筆者作成

　このようにバイオマスの熱利用及び熱電併給のための技術には多数の選択肢があり、その技術の強みや弱みをよく理解するとともに、技術の段階（実験、実証、商用化）をよく見極める必要があるだろう（表2）。

＊3　例えば、「木質エネルギービジネスの展望」熊崎実（林業改良普及双書、2011）

＊4　「Evaluation of Improvements in End-Conversion Efficiency for Bioenergy Production」Ecofys 2010

＊5　例えば、「製材所を起点に、地域の木から最大限の価値を生み出すスイスエルレンホフの企業体」滝川薫（コンフォルト2011年12月号）

(4) 持続可能な森林経営に基づく燃料供給

最後に、未利用間伐材等の森林バイオマスを検討することになるが、森林経営の持続可能性が確保されていることが前提となる。

持続性を確保するために考慮しなければならないのは、設備の規模である。欧州のデータを元に、表3に木質バイオマスの最終消費の形態と典型的とされる規模、そして年間に必要な燃料の量を試算してみた。

大型の建築物程度であれば、設備の出力は1000kW程度であり、必要な燃料の量は木質チップで857t（原木換算で約1500㎥、湿潤含水率30%時密度0・57t／㎥として計算）、ペレットで638tとなる。ペレットはともかく、この程度のチップは十分に供給可能であろう。ただし、採算性を考慮した場合、例えばチッパーの投資規模に見合うだけの需要量を確保する必要があることは言うまでもない。

反対に、例えば5000kW級の専焼発電では低質な林地残材チップで行った場合は、エネルギー密度が低いため、年間4万5946t（全木チップと同じ換算率では、原木換算約8万㎥）を必要とする計算になる。

現在の日本の大型の製材工場の年間原木消費量が10万㎥程度であることからも、いかに膨大

表３　最終消費の形態と典型的な規模、及び年間必要燃料量

最終消費の形態	出力規模	年間消費熱量	使用燃料	エネルギー密度（kWh/t）	年間必要燃料量（t）
家庭用	50kW未満	30kWh未満	木質ペレット	4,700	6.4
			木質チップ	3,500	8.6
			薪	4,100	7.3
大型建築物	1 MW未満	3,000kWh未満	木質チップ	3,500	857
			木質ペレット	4,700	638
地域熱供給	5 MW未満	35,000kWh未満	木質チップ	3,500	10,000
発電（専焼）		85,000kWh未満		3,500	24,286
CHP	5 MWe以上	85,000kWh以上	林地残材チップ	1,850	45,946
			木質ペレット	4,700	18,085

（出所）各形態の区分及び年間消費熱量は「EUBIONET Ⅱ Final result oriented report」（2008年２月）より引用。エネルギー密度等のデータは、「Biomass Heating A Practical Guide for Potential Users」（Carbon Trust, 2009）を参照した。

な量のチップが必要となるかが分かるだろう。

これらの試算及び現在の日本林業の現状を考えると、発電事業が成立するのは燃料供給ポテンシャルが高い一部の地域に限られることが分かる。ただし、建設廃材、剪定枝等の、森林系以外の木質バイオマスが利用できるのであれば、計画を有利に進めることができるかもしれない。また、マテリアル利用との競合の回避を考えても、末木・枝条などのエネルギー用途にしかならないバイオマスを効率的に収集・運搬するシステムが必要である。そのためには、全木集材を基本に、林業専用道

などの高規格な路網上でのチップ化とトラックへの積込の実現が不可欠である。

いずれにしても、まずは中小規模の熱利用施設を中心に、木質バイオマスの供給体制及び市場を地道に作っていくことが、森林の持続的経営の観点からも、推奨される。

また、単に林地残材の消費量を増やしたいのであれば、既存の石炭火力発電所の混焼を検討してもよい。ただし、２０１５年末現在、石炭火力発電所の新設計画が急増しており、CO_2の排出量の増加に繋がるとして、国内外から批判を受けている。新設の石炭火力発電所の免罪符としてではなく、中長期的に化石燃料への依存度を減らしていく中での、積極的な意味でのバイオマス混焼を進めていきたい。

⑸ 応用問題としてのペレット生産

応用問題として、ペレット生産・利用を検討することができる。最も推奨されるペレット生産のあり方は、集成材工場やプレカット工場等の２次加工施設由来の乾燥したかんな屑等を用いた生産方式である。反対に間伐材等の丸太を直接破砕して生産するペレットは、原木代をペレット生産で負担をし、かつ原料の乾燥にエネルギーを要するので、エネルギー利用効率の観点からも好ましいものではない。

エネルギーの自治に向けた現場への適応力

さて、誌面の制約と筆者の力量不足もあり、本稿では語り尽くせていない課題が数多くある。例えば以下の事項について、今後、議論と整理が必要である。

・燃料及び燃焼機器の規格化
・熱利用のインセンティブのあり方（化石燃料への課税を含む）
・林地残材（末木・枝条）の収集・運搬方法。そのコスト試算
・事業の起こし方、資金の組み方

特に、事業の起こし方は、「山側の幸せ」という点で重要である。外部資本が主導する事業では、経済的メリットが小さいばかりか、技術や事業ノウハウが蓄積せず、また社会変革への参加意識も削がれてしまう。そして、その時には、補助金を当てにするばかりではなく、民間の金融機関とリスクを共有できる金融（ファイナンス）の仕組みが求められる。

今後、発電事業についてはＦＩＴ制度で事業化のめどが立ち事業化への動きが活発化すると思われるが、肝心の熱利用については、わが国では意欲的な取り組みはあっても、モデルと位

置付けられるような事例は少ない。そのため、本稿で試みたように、バイオマス利用の原則を点検し、その上で各地域に適応して具現化するというアプローチがよいだろう。原則を抑えた上で、現場への適応を丁寧に行っていけば、大きな間違いはなく、失敗したとしても軌道修正ができる。近道はないのは確かであるが、着実に歩みを進めていくことが大切である。

世界のエネルギー需給構造の将来像

さてここまでバイオマス利用の原則をプランニングのステップ順に整理してきたが、最後にこうした原則を裏付ける背景説明として、世界のエネルギー需給構造などグローバルな動向について解説する。

(1) 21世紀のエネルギービジョンと、バイオマスエネルギーの位置づけ

エネルギー需給構造の将来像については、多くの国際機関や研究機関が様々なシナリオを発表しているが、ここでは世界的な環境ＮＧＯであるＷＷＦが発表した「The Energy Report-100% Renewable Energy By 2050」を紹介しよう。同レポートでは、全世界の人々が

電気へのアクセスが保証されることを前提とした上で、2050年までに全世界で再生可能エネルギー100%の達成を目標としてシミュレーションを行っている。

その前提となっているのが、総エネルギー消費量の削減であり、2020年頃から減少に転じるシナリオとなっている（図1）。そして、電化を推奨し、これを風力や太陽光等の再生可能エネルギーで供給し、非電化領域を太陽熱や地熱、ヒートポンプで賄うというのが基本的な戦略である。バイオマスについては、高い温度帯の熱を容易に得ることができることから、主に液体燃料として航空機や船舶、EV化の難しい大型の車両用の燃料、そして高い温度が必要な産業用プロセスの燃料としてのみ用いるとし、持続可能な穀物栽培、適切な森林管理が前提、としている。

ここで注意しておきたいのは、バイオマスに対する慎重なスタンスである。というのも、これまで「カーボン・ニュートラル」とされてきたバイオマスエネルギーが、そのような前提は「単純すぎる」と見られるようになっているからである。これは2007（平成19）年前後に、世界的な液体バイオ燃料のブームが起こり、食糧との競合や、土地利用変化等の間接的な影響が大きいということが指摘されるようになったことが原因である*9。

加えて、森林（固体）バイオマスの場合はさらにやっかいで、例えば仮に、エネルギー利用目的で皆伐等による収穫を行った場合、炭素蓄積が回復するのに少なくとも40～50年を必要とする。ＩＰＣＣの第４次報告書によれば、２０５０年までに地球温暖化の深刻な影響を回避するためには、向こう10～20年以内に劇的にＧＨＧ排出を削減する必要があり、前述のような利用方法では、むしろ炭素負債（Carbon Debt）が発生し、とても「カーボン・ニュートラル」と言うことはできないのである。したがって、バイオマスの生産方法や発電方法によっては、化石燃料の発電よりもＧＨＧ（温室効果ガス）排出量が多くなる恐れがあることが指摘されており、ＧＨＧ排出削減量の下限値が設定されている場合が多い（イギリスでは化石燃料費60％）。[*10]。先に紹介したようにドイツ等のＦＩＴ制度で熱電併給が義務付けられいるのはこのためである。そのため、イギリスやオランダ等では、バイオマスの持続可能性基準の策定と運用が始まっており、日本においても同様の基準が求められていく可能性が高い[*11]。

＊9　「バイオマス本当の話」泊みゆき（築地書館、２０１２）

＊10　「バイオマス利用のＬＣＡ分析事例と今後の研究課題」古俣寛隆（シンポジウム「日本におけるバイオマスの持続可能な利用促進のために～適切なＦＩＴ制度設計のための原理・原則資料）

＊11　詳しくは、「持続可能なバイオマス利用のための3原則」相川高信（三菱ＵＦＪリサーチ＆コンサルティング　サーチナウ）http://www.murc.jp/politics_c1/search_now/2012/0 4/sn_120417.html等を参照。

図1　WWFの100%再生可能エネルギーシナリオ

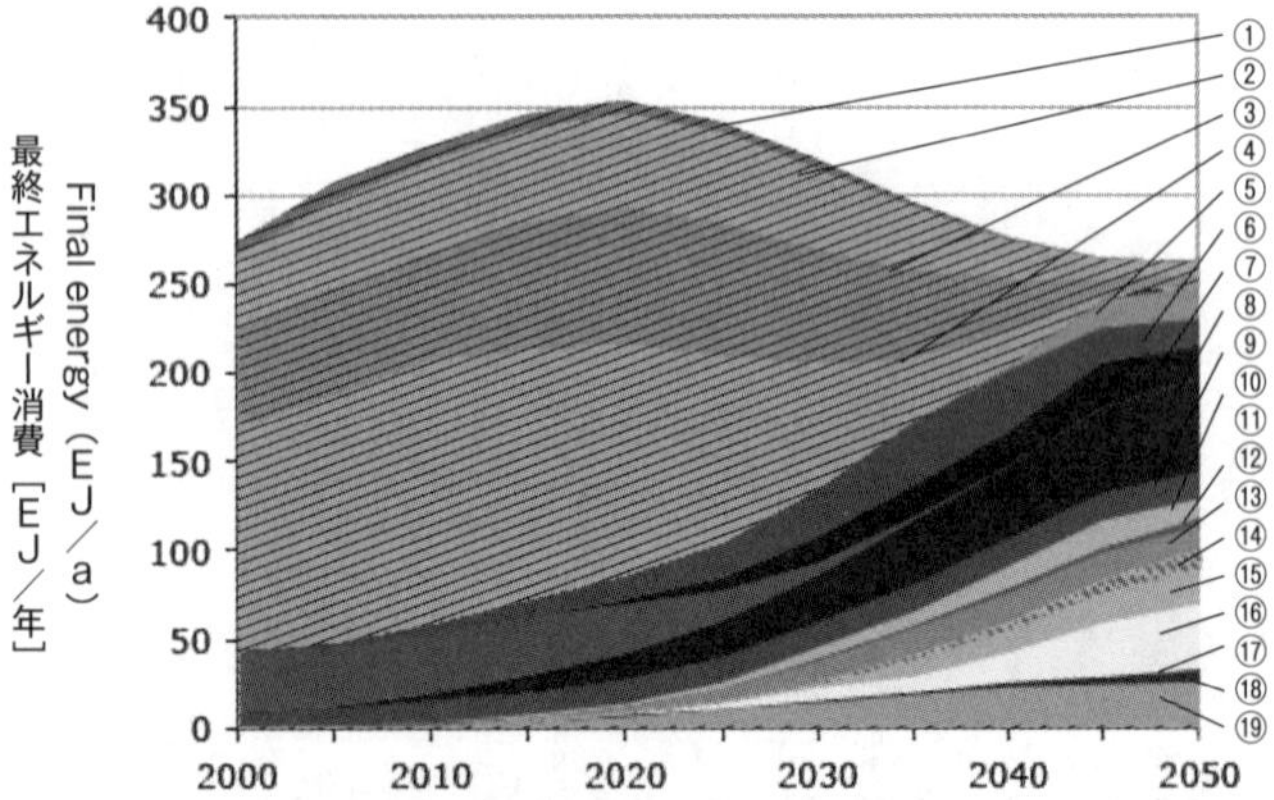

（出所）『エネルギー・レポート～2050年までに再生可能エネルギー100%』要約版（WWFジャパン要約作成、2011）

① Nuclear　原子力
② Coal　石炭
③ Natural gas 天然ガス
④ Oil　石油

⑤ Bio: Algae　バイオマス（藻類）
⑥ Bio: Crops　バイオマス（穀物）
⑦ Bio: Comp. Fellings　バイオマス（間伐材）
⑧ Bio: Traditional　バイオマス（旧来型）
⑨ Bio: Resid.&Waste　バイオマス（残渣・廃棄物）
⑩ Hydropower　水力発電
⑪ Geo: Heat　地熱（熱利用）
⑫ Geo: Electricity　地熱発電
⑬ Solar thermal　太陽熱（熱利用）
⑭ Conc. solar: Heat　集光型太陽熱（熱利用）
⑮ Conc. solar: Power　集光型太陽光発電
⑯ Photovoltaic solar　太陽光発電
⑰ Wave & Tidal　波力・潮力発電
⑱ Wind: Off-shore　風力発電（洋上）
⑲ WInd: On-shore　風力発電（陸上）

図２　世界の電力系統におけるエネルギーの流れ［TWh］

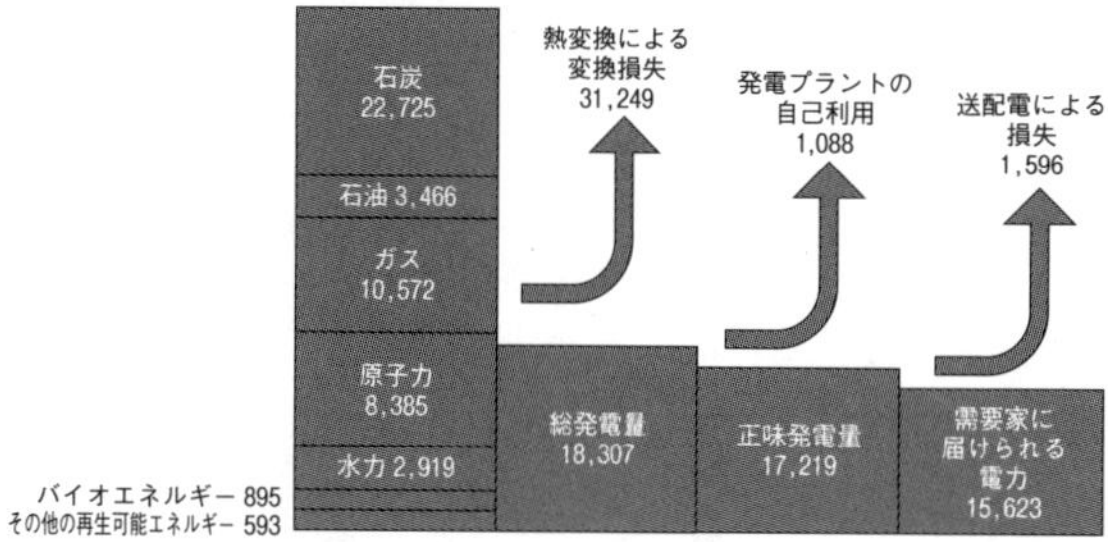

（出所）「熱電併給（日本語版）」IEA（2008）より、筆者作成

(2) エネルギー効率の向上とバイオマス

さて、ＷＷＦのシナリオにあったように、エネルギー問題の解決の本質は使用量の削減、つまり省エネにあるが、国際的には「エネルギー効率の向上」と言われることが多くなった。

エネルギー効率の向上策の第一として重要なのは、建築物の断熱性能の向上や、コンパクトシティ化や公共交通網の整備等による運輸部門のエネルギー消費量の削減である[*12]。

次いで重要な視点として、熱電併給の普及がある。ドイツ等では、国を挙げて熱電併給の導入を進めており、現在ドイツでは、総発電量の２割程度が熱電併給によるものになっている。また、熱電併給は原理的には原子力、石油・石炭・ガス火力等、既存の全ての発電所で実施できるが、輸送が容易な電気に比べて熱の輸送は効率が悪いため、需要地に近い立地が有利となり、必然的に中小規模分散型のシステムを要請する。そのため、現状の熱電併給は天然ガスを用いたものが多いが、バイオマスによる熱電併給が次々に導入されている。

＊12 例えば、「ドイツ・フライブルク市の低炭素社会への取り組み」村上敦（国際文化研修 ２００９夏 vol.64）

＊13「熱電併給（日本語版）」ＩＥＡ（2008）http://www.iea.org/papers/2008/chp_report_japanese.pdf

実践から見えてきた—市場づくりとビジネス化の手法

岩手大学准教授、岩手・木質バイオマス研究会代表
伊藤　幸男

木質バイオマス市場の形成に向けた課題

まず、木質バイオマス市場を形成するために必要とされる原則や課題について整理する。

岩手県では10年かかってこのような知見を得るに至ったが、それを急いで共有化する必要が出てきている。また、木質バイオマスは地域ごとに個性ある市場を形成することが可能で、それだけにポイントをおさえたうえでの地域ごとの創意工夫が重要となってくる。

(1)木材のカスケード利用が基本

木材のカスケード利用は、資源の効率的利用の観点からもまた経済性の観点からも、林業・木材産業の業界においては常識だが、木質バイオマスに新規参入しようとする業者・業界には必ずしも理解されていない。また、木材価格が低迷し、とにかく出口がほしい林業界にとって木質バイオマス利用は新たな需要先として魅力的なものだが、やはり、マテリアルとして十分利用した上でのエネルギー利用という原則は常に確認しておきたい点である。

(2)燃料特性に応じた使い分けと市場育成

木質バイオマスの燃料としての形態は、薪、チップ、ペレットなど様々である。熱利用を前提とするならば、ライフサイクルも含め、どの燃料が良いか悪いかという原則論よりも燃料の形態に選択肢があるということがまず大切で、燃料の特性に応じて無理のない利用を図っていくことが重要である。具体的には、熱需要の規模、熱需要の日変動といったことに加え、どの燃料が手に入りやすいかといった地域性などを含め市場形成を図っていく必要があるだろう。

(3)小規模分散型の熱利用を中心に

木質バイオマスの特徴は、単位熱量に対し嵩《かさ》が大きいことである。つまり、熱密度が低いため、遠くに運ぼうとするほどコストがかかるということである。よって、遠くから1カ所に集めて使うよりも、木質バイオマスが発生した場所で利用するのが合理的であるといえる。また、熱を中心に利用するとエネルギー効率が高い。つまり、単位重量当たりの木材から利用（販売）できるエネルギーをより多く生産することができるということである。一方で、熱は遠くに運んで使うことができないため、熱需要のある場所で生産、利用することが基本となる。

小規模分散型の重要性にはもうひとつ理由がある。このような小規模分散型は、排他的な地域市場を生み出すことができ、地域経済への高い波及効果を期待することができるのである。そこには競争はなく、あるとすれば住民サービス向上のための効率化である。

(4)担い手は地域資本で

木質バイオマスを含む自然エネルギーは単なる代替エネルギーではなく、地域経済への高い波及効果によって地域の自立化に貢献する重要な手段として機能しなければ、その意義は半減してしまう。そのための重要な条件のひとつは、エネルギーの生産主体が地域資本によって担われるべきだということである。例えば、電力会社が風車を何十基設置したとしても、地域には固定資産税が入る程度で電力の売り上げのほとんどは地域外へと流出してしまうだろう。生産した価値＝富ができるだけ地域に蓄積されるには、その経営主体が地域資本であることが重要な条件となる。よって、地域自らが取り組まなければ意味が薄れるのである。

(5) 市場段階や地域の林業生産力水準に応じた取り組みを

ＦＩＴ制度の施行により、木質バイオマスにおいても発電が大きく注目されているが、はたして地域は木質バイオマス発電を実現するだけの市場段階と林業生産力水準に達しているだろうか。

おそらく、これから木質バイオマス利用に取り組むという地域がほとんどであろうし、10年以上取り組んできた岩手県であっても、その市場規模は後述の通りなお小さなものである。多くの地域は木質バイオマス市場をこれから生み育てていく段階で、それには多くの時間と労力を要する。にもかかわらず、発電をはじめとした大規模な利用から始めようとするのは大きなリスクと困難を伴うことは説明するまでもないだろう。

もうひとつ大切なことは、木質バイオマス市場の成長とともに地域の林業生産力が向上していくことである。従来の林業生産の仕組みに木質バイオマス燃料の生産システムを組み込みながら、林業生産力水準を徐々に引き上げていく地道な努力が必要である。市場の成長と林業生産力の向上が歩調をあわせていなければ、地域にとってよい効果を生むものとはならない。

繰り返しになるが、最もハードルの高い発電から取り組む必要は全くない。最も簡単なもの、やりやすいものから取り組むべきであろう。研究会設立当初、交流していたスウェーデンのヴェクショー市から何度も言われたことは「小さなステップから」ということである。

(6) 地域の十分な合意形成

これまで存在しなかった市場を地域に新たに生み出すには、関係者の十分な合意形成に基づいた信頼関係の構築が不可欠である。これは研究会の取り組みで得た大切な経験のひとつだ。

それと同時に、何のための、誰のための木質バイオマス利用なのかということを地域レベルで常に確認しておく必要がある。既に述べたように、木質バイオマスを含む自然エネルギーの本質のひとつは地域の自立化であり、その取り組みは地域づくりそのものだからである。地域自らが決断し、自ら取り組むという地域自治の成熟の過程を抜きにして自然エネルギーは大きく開花しないのである。

⑺持続可能性

自然エネルギーは持続可能な社会を実現するための手段であるから、当然自然エネルギー自身が持続可能なものでなければならない。木質バイオマスは他の自然エネルギーと異なり、高度な資源管理を伴うことが特徴である。泊氏によると「よいバイオマス」とは、経済的持続性、社会的持続性、環境的持続性の3つを満たすものとしている※i。木質バイオマスはこれらを50年、100年という超長期のサイクルで実現するものでなければならない。つまり、木質バイオマス利用の持続可能性とは、森林・林業の持続可能性の追求が不可欠だということである。現状では森林蓄積に対して利用圧が極端に低い状態であるため、資源見通しについては楽観的でいられるが、今真剣に議論されるべきことは50年後100年後の森林資源のありようである。今の林業問題の解決方法が将来新たな林業問題を生み出さないかどうか慎重に検討されるべきであろう。

自然エネルギー基盤とするエネルギー自治の確立

2010年における自然エネルギーの新規の設備投資額の世界合計は2110億ドルに達

し、最近6年間で約10倍に成長している※ii。世界的に自然エネルギーは最も成長が期待される産業分野であり、自然エネルギー時代の黎明期ともいえる状況である。しかし、そのような世界的動向から日本がなぜ取り残されているのかについては、日本社会の構造的問題としてよく考える必要がある。少なくとも自然エネルギーのポテンシャルや技術的問題だけではないのは明らかである。

繰り返しになるが、自然エネルギーの推進の意義は、単なる温暖化防止や枯渇性資源の代替にとどまらない。それはグローバル経済を超えて新たな地域経済や地域社会を創造する営みである点を再度強調しておきたい※iii。一極集中から小規模分散へとエネルギーの流れを変えることはマネーの流れを変えることにつながり、富の再配分を公正化していく強力なツールとなり得るからである。自然エネルギーを基盤とするエネルギー自治の確立は地域自治の成熟化のプロセスそのものであり、その最終ゴールは地域の政治的経済的精神的自立なのである。

ところで、木質バイオマスの代替しうる市場は非常に大きい。木質バイオマスの熱利用で競合する燃料は灯油とA重油であるが、例えば、岩手県における灯油、A重油の販売額はおおよそ年間600億円である。これは、岩手県のコメの生産額に匹敵する金額である。熱量でスギの材積に換算すると300万㎥を大きく超え、それに対し岩手県の素材生産量は約130万㎥

でしかない（とはいえ全国第3位である）。供給しきれないぐらい市場は大きいと言えるし、ごく一部しか代替できないとも言える。だからこそ森林は貴重な資源なのであり、誰のために、何のために使うのか、よく吟味しなければならない。そのことを通じて、森林の持つ価値を多くの人々と共有できるならば、林業の姿も今のままではないであろう。

木質バイオマス市場をどのようなものにしていくのかは、将来の地域社会と森林の姿や関係をどのようなものにしていくのかということであり、それは地域に生きる私たち自身に委ねられていることを強く自覚したい。

研究会の取り組みと岩手県の木質バイオマス利用の動向

ここからは研究会の取り組みと岩手県における木質バイオマス利用の動向について紹介したい。

研究会の活動は2000（平成12）年にスタートしたが、2003（平成15）年頃までは木質バイオマスに関する様々な情報等の蓄積と草の根の普及活動を行った時期で、特にスウェーデン・ヴェクショー市と4年に渡る交流は岩手県内外の木質バイオマスの取り組みに大きな影響を与えた。

研究会では小さなステップから実証していくべく、当時岩手県内で唯一生産されていたバークペレットを燃焼できる岩手型のペレットストーブの開発を岩手県に提言した。岩手型ペレットストーブは岩手県と民間企業とで共同開発され、2003（平成15）年に一般に販売されることとなったが、ここで問題となったのは、いったい誰がどのようにして不特定多数のユーザーにペレットを供給していくのかということである。ペレットボイラーのような大口の需要者への供給は工場から直接行われてきたため問題はなかったが、小口の一般ユーザーへの供給は流通業者や小売店など多くの主体が関わることとなり、需要量の見通しも立たないなかで誰がリスクを引き受けるのかが問題となった。当たり前だが、存在しない市場に投資しようとする人はいない。一方で、行政もビジネスの領域に対しては主導的に働きかけることができなかったため、第三者的な立場であった研究会が「ペレット流通懇談会」を数度にわたって開催し、業者間での話し合いと連携を促した。

こうして、曲がりなりにも小さな木質ペレット市場が形成され、岩手県の木質バイオマス利用は飛躍的に増加していくこととなった。

2000年当時、岩手県内にペレットストーブは数台しかなかったが、2004（平成16）

図１　岩手県におけるペレットストーブの累積導入台数の推移

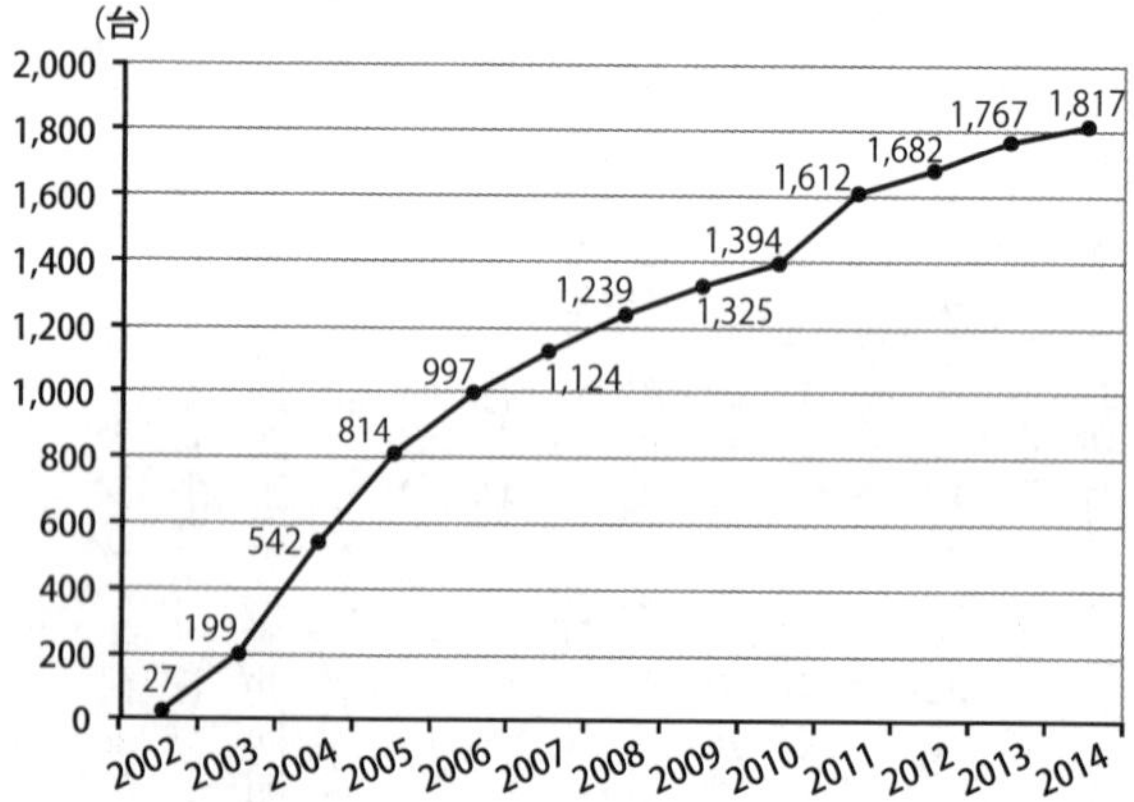

資料：岩手県林業振興課調べ

図２　岩手県における木質バイオマスボイラーの累積導入台数の推移

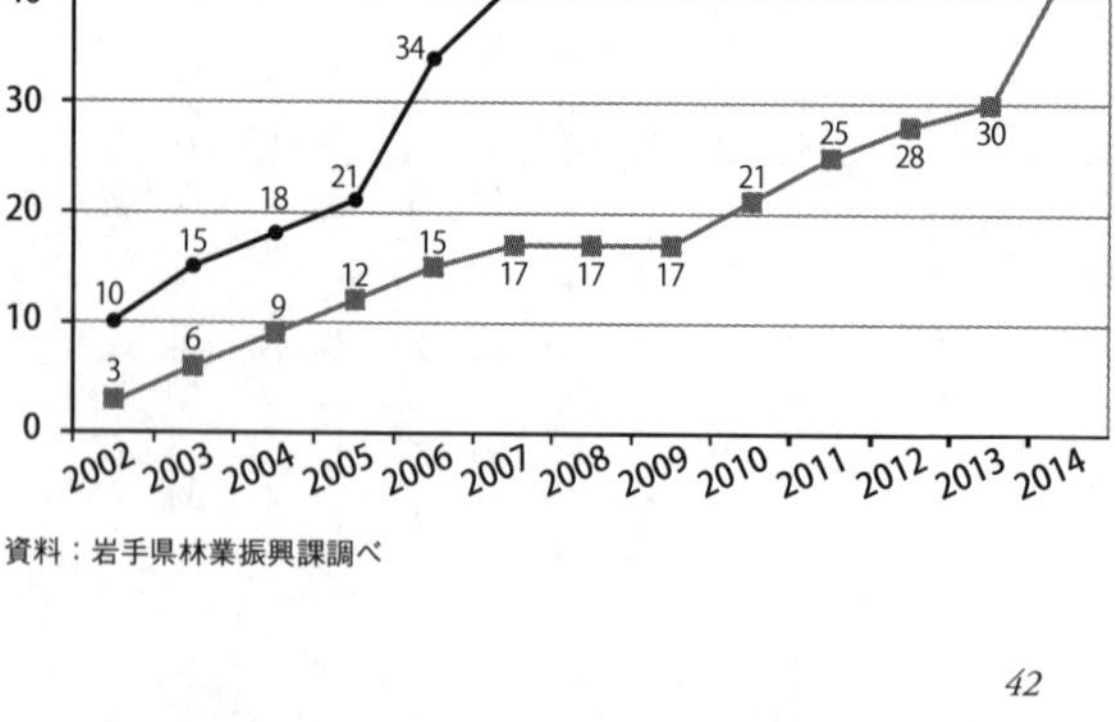

資料：岩手県林業振興課調べ

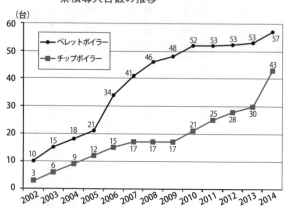

図３　岩手県におけるペレットの利用量の推移

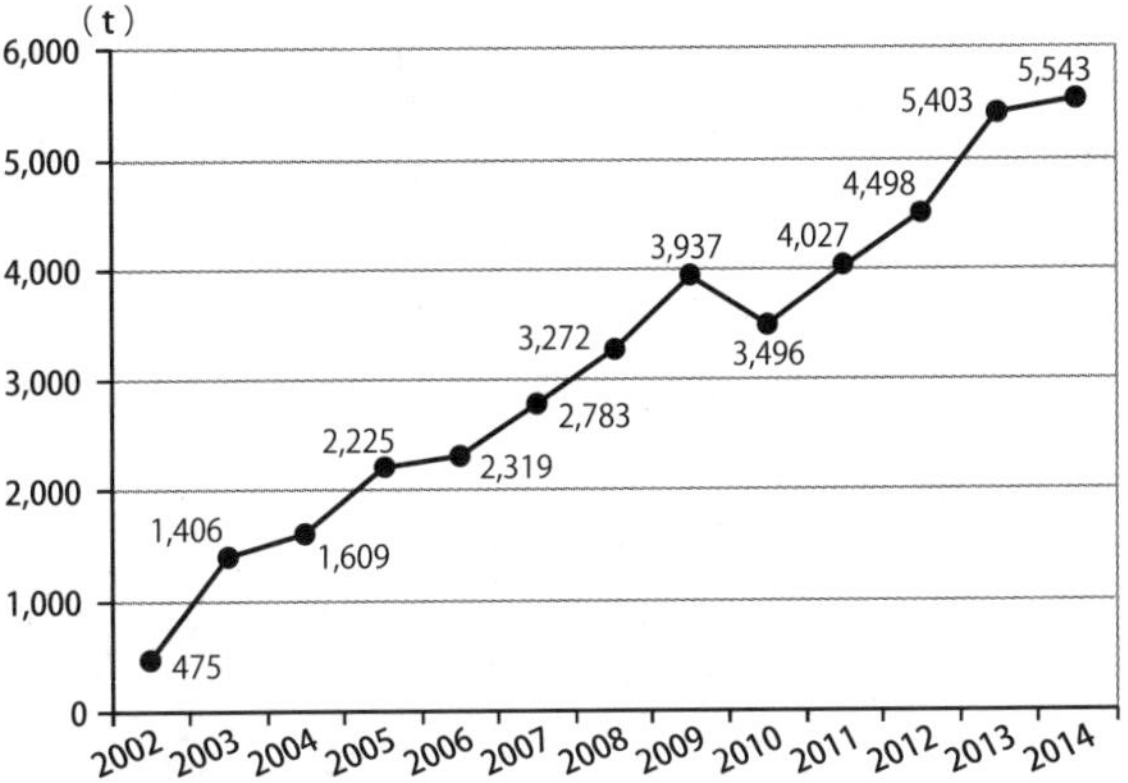

資料：岩手県林業振興課調べ

図４　岩手県におけるチップの利用量の推移

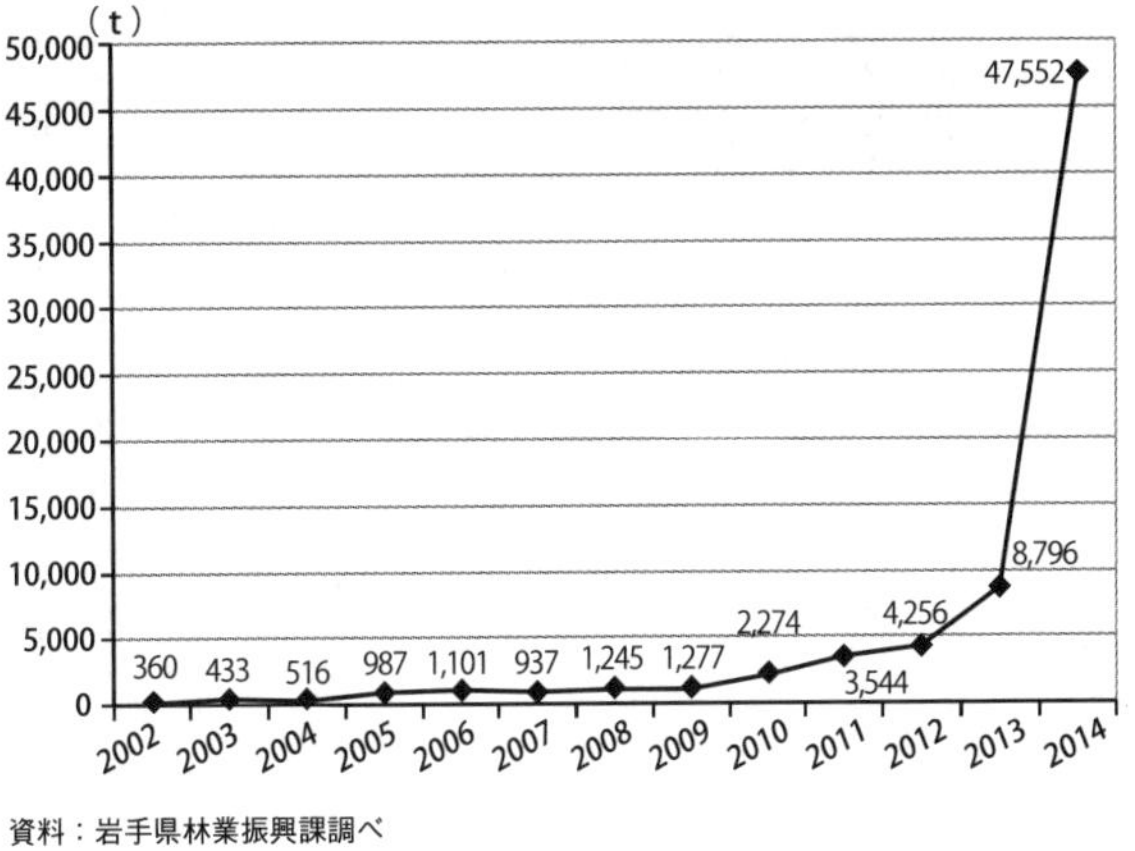

資料：岩手県林業振興課調べ

年に岩手型ペレットストーブの家庭用が発売され、また岩手県もペレットストーブ設置補助を開始するなどし、ペレットストーブの導入台数は１８１７台（２０１４〈平成26〉年度末）へと飛躍的に増加した（図１）。岩手県の世帯数、約51万世帯に比べるとごくわずかな台数ともいえるが、少なくとも「ペレット」という言葉を説明する機会は格段に減った。また、統計として把握されていないが、２００７～２００８（平成19～20）年の原油高と震災以降に薪ストーブの導入台数が急増しているといわれている。

木質バイオマスボイラーの導入も順調に伸びている。公共施設を中心に導入が進んできたペレットボイラーは、国等の各種補助事業の整備と岩手県内での導入実績の裏付けからさらに導入が進み、２０１４（平成26）年度までに57台が導入された（図２）。特に近年では原油高を背景にして、一部の民間企業へ補助なしでも導入がおこなわれた。

さらに、ペレットボイラーに比べて導入が遅れてきたチップボイラーについても、２００５（平成17）年に岩手県と民間企業の共同で導入しやすい小型のものが開発され導入が増加した。また、地域内の資源の活用のしやすさが評価され、最近5年間で倍増し、合計で43台の導入に達している（図２）。

図３より木質ペレットの利用量をみると、２０１４年度に５５４３ｔへと増加した。

2002（平成14）年度以降の13年間で12倍近い成長である。一方で、少々データは古いが、2009（平成21）年の研究会の調査によれば、約4分の1が県外産ペレットの移入に依存しており、県内産ペレットの供給が追いつかない状況となっている。また燃料用チップについてみると（図4）、チップボイラーによる熱利用が中心であった2012（平成24）年までにおいても順調に増加していたが、2013（平成25）年以降石炭火力発電所におけるチップ混焼や木質バイオマス発電所の稼働により4万7552tへと飛躍的に増加した。

このように、当初、試行的で小さな規模から出発した岩手県の木質バイオマス市場は短期間に成長を遂げている。しかし、熱需要全体に比べると木質バイオマスの市場はなお小さなものであり、実績に基づいた発展的な取り組みに着手すべき段階にきている。ところが、木質バイオマス発電による巨大な燃料需要が生まれ、燃料の価格形成や流通に影響を与え始めており、改めて自然エネルギーの本来の理念に立ち返った木質バイオマスエネルギーの取り組みを進めていく必要があるだろう。

参考文献
i　泊みゆき「バイオマス本当の話」2012年、築地書館

ii　環境エネルギー政策研究所（ＩＳＥＰ）編「自然エネルギー白書２０１２」２０１２年、七つ森書館

iii　ヘルマン・シェーア「ソーラー地球経済」２００１年、岩波書店

事例編

北海道下川町

地域熱供給システムを軸に林業、林産業、エネルギー利用の３本柱で地域産業創造

山形県最上町

公的バイオマスエネルギー需要のつくり方—地域エネルギー産業創造

岩手県紫波町

地場材を使った市街地づくりと木質バイオマスによる地域熱供給

徳島県三好市

公共温泉５カ所に薪ボイラーを一斉導入、第３セクターが薪を供給

長野県根羽村

木の駅で林地残材を集荷、村の福祉施設の薪ボイラーで利用

高知県仁淀川流域

薪から始める小規模システムの経済効果分析—地域主体のシステムづくり

高知県高知市

木質ペレットバーナーの開発とハウス園芸への導入

地域熱供給システムを軸に林業、林産業、エネルギー利用の３本柱で地域産業創造―北海道下川町

編集部

林業・林産業の町としての歴史

木質バイオマスの本題に入る前に、下川町の概要や歴史的背景について簡単に触れておきたい。

北海道の北部に位置する下川町は、最低気温マイナス30℃、最高気温が30℃と寒暖の差が激しい積雪寒冷地。人口は約３６００人で総面積６万４４２０ha。約９割が森林でその85％が国

有林、民有林は私有林が４０００ha、町有林が４６００haとなっている。

以前は日本有数の銅山の町としても発展した下川町だが、１万５０００人以上いた人々が閉山後は大量流出したことから、地域存続に対する町民の危機意識は高まった。こうしたことから町の雇用創出・産業創造への思いは強い。そこで豊かな森林資源に着目し、林業・林産業振興に力が注がれてきた歴史がある。

その１つが町有林経営に見てとれる。１９５３（昭和28）年、町予算規模が1億円の時代に８８００万円かけて国有林１２００haを取得。その翌年に洞爺丸台風で大被害を受けるが、町有林経営の方針を循環型森林経営とし、毎年50haの植林×60年伐期による３０００haの法正林化を進めてきた。これにより林業による雇用の場づくりと林産業界への木材の安定供給を目指した。その後、平成6～15年間に１９００haを追加払い下げを受け、現在の町有林面積に至り、今年度から循環型森林経営が本格的にスタートする。

現在の状況は、林業就労者数36人、民有林の素材生産量は年平均で2万㎥弱で、林業事業体は森林組合と民間事業体2社。一方、林産業は現在7社9工場。製材工場、集成材工場（構造用・造作用）、割箸工場、チップ工場、木炭製造など、取扱製品は多岐に及んでいる。林産業就業者数は１５１人で素材生産量は毎年平均10万㎥程度。製品出荷額は約25億円。人口

3600人の町に林業・林産業に2000人弱が就業しており、町の経済の中核を担う2大産業なのである。

以上、下川町では持続的な山づくりの下、「林業」、「林産業」が築かれてきた。そして今、林業システム、林産システムの革新を進めつつ、新たに林地残材や木材のカスケード利用による新たな産業創出として、「エネルギー利用」がセットで展開されているところである。

良質な地域社会を創造する森林総合産業化を目指す

小さな町でも森林を軸とした総合産業を目指そうという下川町。その特徴は、町民が積極的に行動を起こし、地域経営を盛り立てる機運が醸成されてきたことである。その象徴が1998（平成10）年に設立された下川産業クラスター研究会（現・㈶下川町ふるさと開発振興公社内のクラスター推進部）である。

林業、商工会、主婦など幅広く町民が参画し、林業を軸に商品化や森林認証等、産業創造の提案・提言・実践を手がけた。実は本特集テーマである木質バイオマスも当研究会が1999（平成11）年に提案したことが発端になっている。

ここで注目したいのは、当研究会が「良質な生活」を目指した町のグランドデザインとして「産業」、「地域社会」、「環境」の持続可能性と包括的な社会経済システムを描き、それが徹底されてきたことである。これを軸に様々な事業が単発で終わることなく連動して総合的な力となってきた。

例えば木質バイオマス関連の国の支援事業を見ても、環境モデル都市、環境未来都市、森林総合産業特区、バイオマス産業都市、地域活性化モデルケースと、その時々の国の新たな事業を率先して活用してきたが、目先の事業に振り回されることなく、町としての自主・自立性を持って1本の軸に事業の継続性を担保してこれた。

現在、国の「環境未来都市」に選定され、「森林総合産業の創造」、「エネルギーの完全自給」、「少子高齢化社会への対応」を柱にした地域づくり「森林未来都市」の実現に力を入れている。

下川町森林総合産業推進課バイオマス産業戦略室室長の高橋祐二さんはこう語る。

「現在の林業経営は大変厳しい状況にあります。そこで林業システム、林産システムを革新しつつ、山、加工、エネルギー利用が一体になった総合的な産業創造が必要だと考えました。まず〝良質な生活〟を念頭に福祉も踏まえ、現在、木質バイオマスによるエネルギー自給に取り組んでいます。例えば当町では電気、熱利用で年に13億円が町外に出ていますが、最終的

写真１　下川町森林総合産業推進課バイオマス産業戦略室室長の高橋祐二さん

にこれをエネルギー自給して地域で回すことができればお金が回り、雇用が創出され、エネルギー安定供給に繋がるという発想です。町内で既にモデル的な取り組みを行っているところです」

エネルギーの地域需要づくり
―温泉施設での成功モデル

地域エネルギー産業とするためには、まず需要を創出することが先決だ。その手法を紹介していこう。キーワードは「まず公的施設から」である。

まず２００１（平成13）年度に新エネルギー・産業技術総合開発機構（ＮＥＤＯ）の事業で新エネルギー調査を行い、木質バ

写真２　五味温泉の木質バイオマスボイラー施設。下川町の木質バイオマス利用の原点になっている

イオマスが有望であることがわかった。そこで公共施設で最もエネルギー消費の多い五味温泉（町の第3セクター）をモデルに実現可能性調査を行い、２００４（平成16）年度に北海道初の木質バイオマスボイラー導入に至った。

当初80万ｋｃａｌ＋63万ｋｃａｌの重油ボイラーで温泉の加温と暖房を賄っていたものを、15万ｋｃａｌの木質バイオマスボイラーと既存の80万ｋｃａｌの重油ボイラーのシステムとした。

「木質バイオマスボイラーは負荷変動に弱いためにベース部分を木質ボイラーが担い、負荷変動部分をフォローするために重油ボイラーを残しました。これによって年間で50％のCO_2削減を目標としました」と高橋さん。

熱需要の大きい施設から順次、木質ボイラーに転換

この五味温泉を発端に、町内の熱需要の大きい施設を中心に順次、木質バイオマスボイラーに転換された。

まず翌年の2005（平成17）年には幼児センターで同様の施設を導入。2010（平成22）年には農業用のトマト苗などを生産する育苗施設と続く。

そして同2010年には大規模なシステムとして、役場とその周辺にある消防署、公民館、総合福祉センターにそれぞれ個別にあった化石燃料を使ったボイラーを1つの木質バイオマスボイラーで賄う地域熱供給システムが導入された。当初、重油の蒸気ボイラーが検討されたが、ボイラー管理の資格が必要になるため、役場の誰でもが管理できる温水ボイラーを採用したという。また公民館ではまだ新しい重油ボイラーを敢えて残し、補給水を冷泉から木質バイオマスボイラーで沸かした80℃の温水にすることで重油使用量の大幅な削減に繋げている。

続いて2011（平成23）年にも同様に、特別養護老人ホームあけぼの園、デイサービスセンター、高齢者を対象とした生活支援センターの3つの施設で構成された高齢者複合施設にも

図１　役場周辺地域熱供給システム施設

<実施前>
○役場、消防署：役場機械室内に蒸気重油ボイラー（75万8000kcal）
○公民館：役場機械室内に蒸気重油ボイラー（88万kcal）
○総合福祉センター：灯油温水ボイラー（20万kcal×2台）

↓

<実施後>
木質バイオマス規模：1200kcal（100kcal）１基
貯湯槽：8000ℓ×１基等
熱媒体：温水暖房
配管敷設方式：地下埋設・IP管

木質バイオマスボイラーが導入された。これにより16万ℓの重油の削減が可能になった。

　昨年度は、小学校・病院地域熱供給システムが導入され、今年度は中学校で木質バイオマスボイラーが設置される予定である。

　以上が公的な需要だが、民間需要としては、小規模の利用形態に対応したモデルとして、２００５（平成17）年に下川型エコ町営住宅での木質ペレットボイラーによる集中暖房も試験的に導入されている。

「現段階で町内の全公共施設の暖房等の４割を木質バイオマスで賄っています。今年度の中学校のシステム施設が完成すれば６割以上になります」と高橋さん。エネルギー自給に向けて着実に前進している。

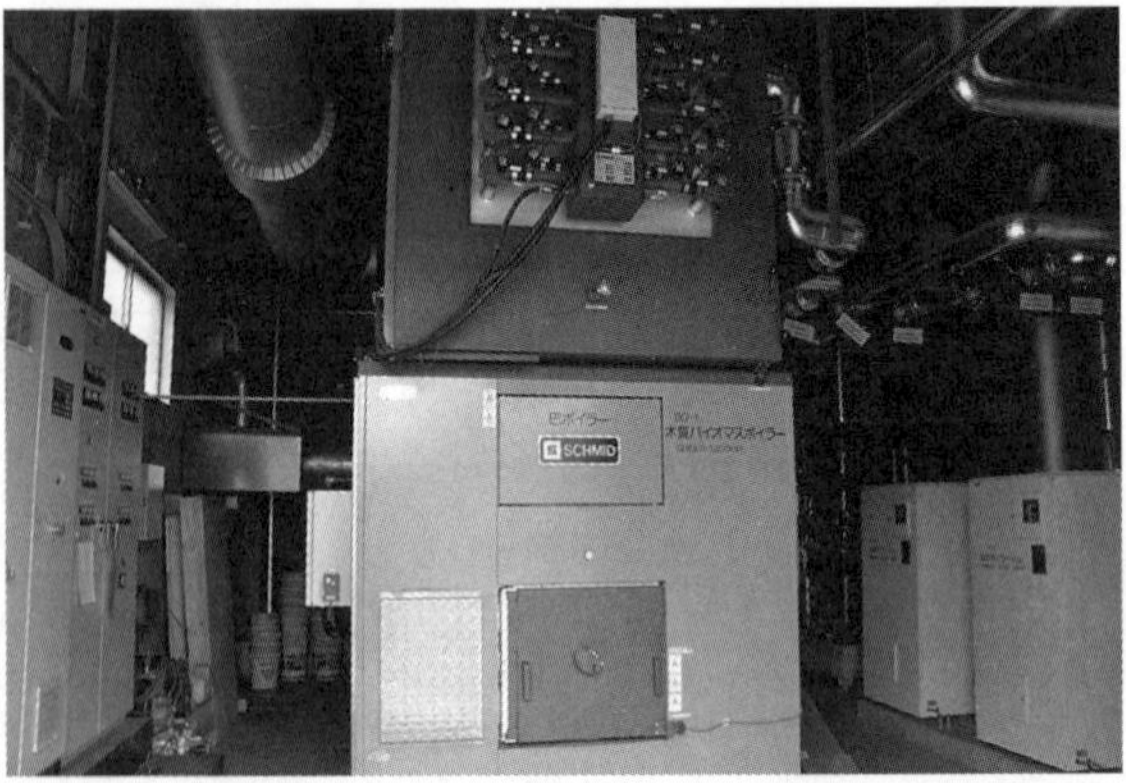

写真３　役場周辺地域熱供給システム施設。木質バイオマスボイラーはスイスのシュミット社製。高含水率のチップに対応しているのが特長。基本的に含水率50％で２インチ以下という規格を設けているが、たまに高含水率のチップが混ざることもあるので、安全を見て採用した

燃料業界との連携で
木質原料製造施設を設置

こうした町内での木質バイオマスボイラーの普及に対して原料の安定供給はどうなっているのか。

下川町ではこの問題に対して、２００９（平成21）年に木質原料製造施設を設置し、原料の供給を実施している。国の補助事業を活用して町が整備し、下川エネルギー供給協同組合が指定管理を受け２人で対応している。約１万㎡の敷地に資源受入・乾燥、原料製造・貯蔵機能がある。木質原料資源は、林地残材、道路支障木等を受け

写真４　高齢者複合施設と地域熱供給システム施設

写真５　高齢者複合施設の木質バイオマスボイラーと貯湯槽。温水を貯湯槽に貯めてピーク時は貯湯槽の温水で対応することで、ボイラーの規模を抑えることが可能になった

写真６　小学校・病院地域熱供給システム施設

写真７　町産材で内装が木質化された小学校。木質バイオマスボイラーで沸かした温水を使った暖房パネルが設置されている

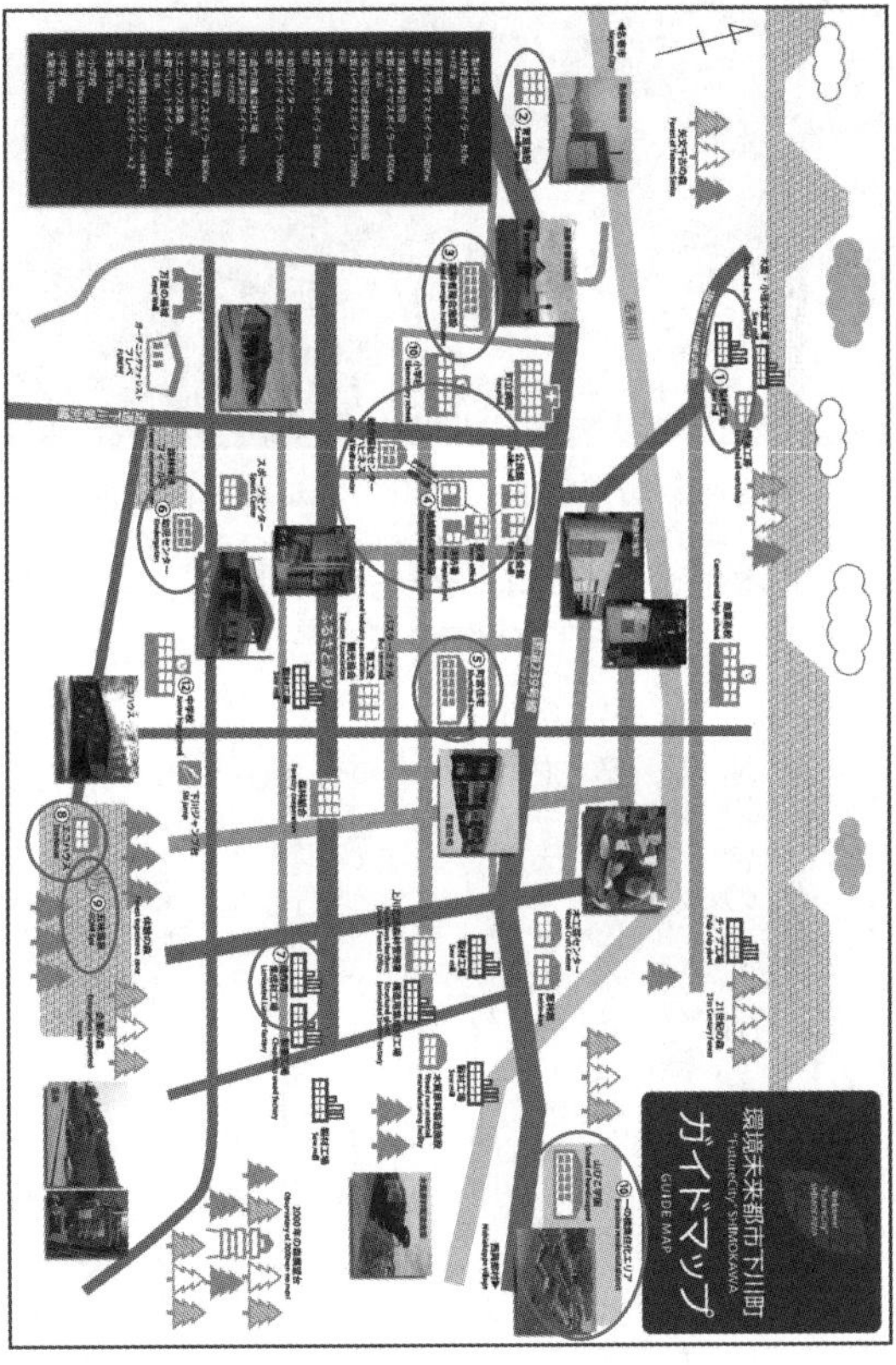

図２　環境未来都市下川町ガイドマップ（下川町資料より）

写真８　木質原料製造施設。下川エネルギー供給協同組合が町から指定管理を受けている。右から自走式木材破砕機、ロータリースクリーン、ベルトコンベア、ホイルローダーが見える

入れている。こうして集められた材を含水率50％まで天然乾燥させ、グラップル、自走式木材破砕機、ロータリースクリーン、ベルトコンベヤーの機械を使って、1日28tの製造能力を発揮。ここで生産した原料を木質バイマスボイラー施設に1万7860円／tで販売する。

「町内には灯油等を販売する灯油組合があります。木質バイオマス化を進めて林業業界に雇用が2人増えたが、灯油組合（の雇用）がその分減ってしまう。私たちも灯油組合の方と話す場を何度も設けることで理解を頂き、2009（平成21）年に灯油組合によるエネルギー供給組合の設立に至りました。最初の2年間は町直営で臨時雇

用としてノウハウを蓄積していただき、２０１２（平成24）年度から町が供給組合に指定管理を出しています。また、供給組合から町に年１８０万円を支払ってもらっています。町がこれを基金として積み立て、機械の更新時に施設整備するための資金に運用するためです。これも持続性を担保とするためです」と円滑な運営のポイントを説明する。

ちなみに現在、年間１５００～２０００ｔの原料をここで生産しているという。機械の減価償却や人件費を踏まえ、この位の生産量でようやくペイできるということである。

町民への還元の形

下川町では、木質バイオマスボイラー発熱量を重油換算し、重油価格に置き換え、木質原料購入代を差し引いた金額を「経費削減額」として算出している。年々高騰する化石燃料に対して木質バイオマス導入の効果が明確に示せる指標でもある。

ちなみに２０１１（平成23）年度では、町内の木質バイオマスボイラー導入による削減経費は１６００万円となっている。町ではこれを「木質バイオマス削減効果活用基金」として積み立てている。この基金は、「子育て支援事業」と「ボイラー更新等の費用」に充てられるという。

写真９　一の橋地区の地域熱供給システム。木質バイオマスボイラーのみでバックアップシステムも対処できるようになった

写真10　集住化住宅（現代風長屋）。若者から高齢者まで26世帯がここで暮らしている

写真11　一の橋地区に設けられた地域食堂・ミニスーパー。独居老人向けの宅配サービス等、高齢化社会に対応したモデルとしても注目されている

木質バイオマスによる削減効果で町の財源を確保するというユニークな発想だ。

さらに２０１３（平成25）年度子育て支援新規事業として９００万円が充当された。その内訳は幼児センター保育料の減額（１割補助）、乳幼児等医療費扶助を中学生まで拡大、乳児すこやかに育て応援事業扶助（３歳未満の子供に月３０００円支援）、学校給食補助金（１人１０００円）等である。このように単に産業振興でなく、少子化対策も見据えた住民還元にしっかり取り組んでいるのは高く評価されるべきである。

そしてもう１つ紹介したいのが「下川町快適住まいづくり条例」である。

木質バイオマスだからガンガン燃やせばよ

いというわけではなく、基本的にはエネルギーを使わずCO_2を発生させないことが大事であるという考えから、新築での地域材利用で最大３５０万円、リフォームで最大40万円。高気密化で20万円、高断熱化で30万円、木質バイオマスボイラーまたはペレットストーブ導入で20万円、太陽光発電で30万円の補助制度が用意されている。

このように木質バイオマスの導入で町民への恩恵も広がり、理解も進んでいる。さらに年間を通じて視察やマスコミの取材も小さな町に訪れる。知らず知らずのうちに町民の我が町への誇りが徐々に形成されていくはずだ。

「小学校の先生がここに赴任してきて、子どもたちがバイオマスという言葉をよく知っていることに大変驚いていたと聞きます」という高橋さんの言葉にもその一面が見えてくる。

究極のエネルギー自給・集住化モデルの実現へ

最後に、下川町ではさらに一歩先を進んだ新たな取り組みが進められているので簡単に紹介しよう。中心部から10㎞ほど離れた一の橋地区ではエネルギーの完全自給と福祉対策と産業創造を目指した新たな集落対策が進められている。

訪れてまず驚くのは現代長屋風の全26戸＋体験施設２戸と地域食堂、住民センターで構成された施設である。ここには１ＬＤＫから３ＬＤＫまで単身の若者から高齢者まで様々な世帯が暮らしている。

また産業創造としてシイタケ生産ハウス、コンテナ苗生産施設、民間企業の薬草薬木研究施設などが周辺施設に整備され、Ｉターンの若者を含め多くの人がこの地区で働いている。

さらに福祉対策として超高齢化対応の地域食堂・ミニスーパーや独居老人への食事サービスなどがある。

エネルギー自給については、これまで町が培ってきた木質バイオマスのノウハウがつぎ込まれている。その１つが木質バイオマスボイラーによる地域熱供給システムである。ここで供給された温水は住宅エリアや共有スペースにはもちろん、産業施設や周辺施設に配管を通じて熱供給が行われている。

現在は電気は太陽光発電により一部を賄っているが、将来は木質バイオマス発電によるエネルギーの完全自給も描いているという。

地域のエネルギー産業創出に向けて

下川町の計画では、林総合産業化として、①国有林との共同施業団地化による規模の確保、②航空レーザーによる森林資源量解析、③コンテナ苗による造林の省力化、④川上と川下の在庫管理システムの構築など、様々な取り組みを同時に連動させ、その1つに木質バイオマスが機能することになっている。

そもそも林業が基幹産業であり、町有林があり、製材工場もあり、町民、議会の理解があった中での木質バイオマス戦略があると高橋さんは指摘する。

バイオマスというと、燃料（バイオマス材生産・加工）生産ばかりに目がいくが、地域のエネルギー産業として定着させられれば、安定した経済効果が期待できることを下川町の事例は教えてくれる。今後の地域自立のバイオマス戦略を描く上で参考にすべき点が多々あるのではないだろうか。

公的バイオマスエネルギー需要のつくり方
―地域エネルギー産業創造

山形県最上町役場 農林課
管 真由美

森林の整備を目的としたバイオマス事業

山形県最上町は総面積の80％以上が森林で占められた町。戦後農耕用の馬産が盛んで里山は「採草地」だったが戦後は農業機械化で採草地は不要となった。１９７２（昭和47）年から町は国有地であった里山の土地を個人に払い下げし、大規模な造林事業を実施。人々はその土地にスギを植えた。総面積約１３００haに延べ12万人もの労力が費やされ、町をあげた植林が行われた。

写真1　土場に集められた燃料用間伐材。ここで椪積みされ1年間天然乾燥を行う

しかし、多間に漏れず林業の経営環境が悪化し、間伐を実施することが困難となり、人工林の荒廃が危惧される状況になっていった。

そこで最上町では、荒廃した森林の整備を目的として2005（平成17年）度からNEDOの技術開発機構の「バイオマスエネルギー地域システム化実験事業」に取り組み、①森林GIS、集約化、路網整備、列状間伐、高性能林業機械導入等で生産性向上によるコストの削減を進め、②搬出された間伐

図１　チップへの加工システム

１次破砕機に投入する様子

２次破砕機

完成したチップ

材を町内の保健・医療・福祉の統合施設にてエネルギー利用することで、所有者負担無しで約460haの人工林整備を進めている。

今回、特に②について、地域内に公的バイオマスエネルギー需要先をつくる手法に着目して紹介する。

間伐材のエネルギー利用システム

従来の林地残材をいかにバイオマス材として活用するのか。その流れを整理する。山土場で仕分けされた間伐材の85～90％を占めるC・D材がバイオマス材として、土場で約1年間椪積みして天然乾燥させる。それを町内のチッププラントに運び、木質チップに加工。

こうして生産された木質チップは町内の医療・保健・福祉の総合施設「もがみまちウェルネスプラザ」（バイオマスエネルギープラント）に運ばれ、各施設にて冷暖房用の熱エネルギーとして有効活用している。

町内のバイオマス材の安定需要先としても貢献するウェルネスプラザ

ここでウェルネスプラザについて簡単に紹介しよう。最上町では全国的にも先進的発想で整備された福祉総合施設として、「町立病院」、「健康センター」、「福祉センター・健康クラブ」、「介護老人保健施設・痴呆高齢者グループホーム」の4つの組織で構成されている。医療と連携した地域包括ケアシステムとなっているところが特長だ。

従来、重油焚きボイラーを利用していたが、木質バイオマスエネルギーによる地域冷暖房システムとして冷暖房、給湯を行い、化石燃料の削減を図ることとなった。

当初は、福祉センターに冷暖房と冬期間は隣接する園芸ハウスに暖房の熱を単独で供給する550kWのシステム（2006〈平成18〉年度）と、町立病院、健康センター、老人保健施設に冷暖房給湯を行う700kWのシステム（2007〈平成19〉年度）の2基を稼働させた。その後、特別養護老人ホームの冷暖房と給湯、給食センターの給湯を担う900kWのシステムが加わり、さらに3つのシステムが連動されることでより効率的な運用が可能となった。

現在、同施設敷地内のボイラー棟でボイラー3台が連動し、様々な施設の冷暖房や給湯を集

写真２　ウェルネスプラザにて導入されている
木質バイオマスボイラー

中管理している。冬はボイラーで加熱した80℃の温水を各施設に循環させて暖房し、夏は吸収式冷凍機で８℃に冷やした水を循環させ冷房している。

当初、５５０kWと７００kWのボイラー稼働時は丸太にして年間３０００㎥の使用量であったものが３台体制となった２０１１（平成23）年度では７０００㎥となった。

また数字は古いがウェルネスプラザが木質バイオマスボイラーを導入した２００９（平成21）年度の重油使用量は、重油焚きボイラーを使用していた１９９９（平成11）～２００５（平成17）年度の平均の半分になり、年間１８００万円の重油代（当時）を削減することができたという。本来、町外に出

図2　エネルギー利用システム模式図（550kW＋700kWのシステム）

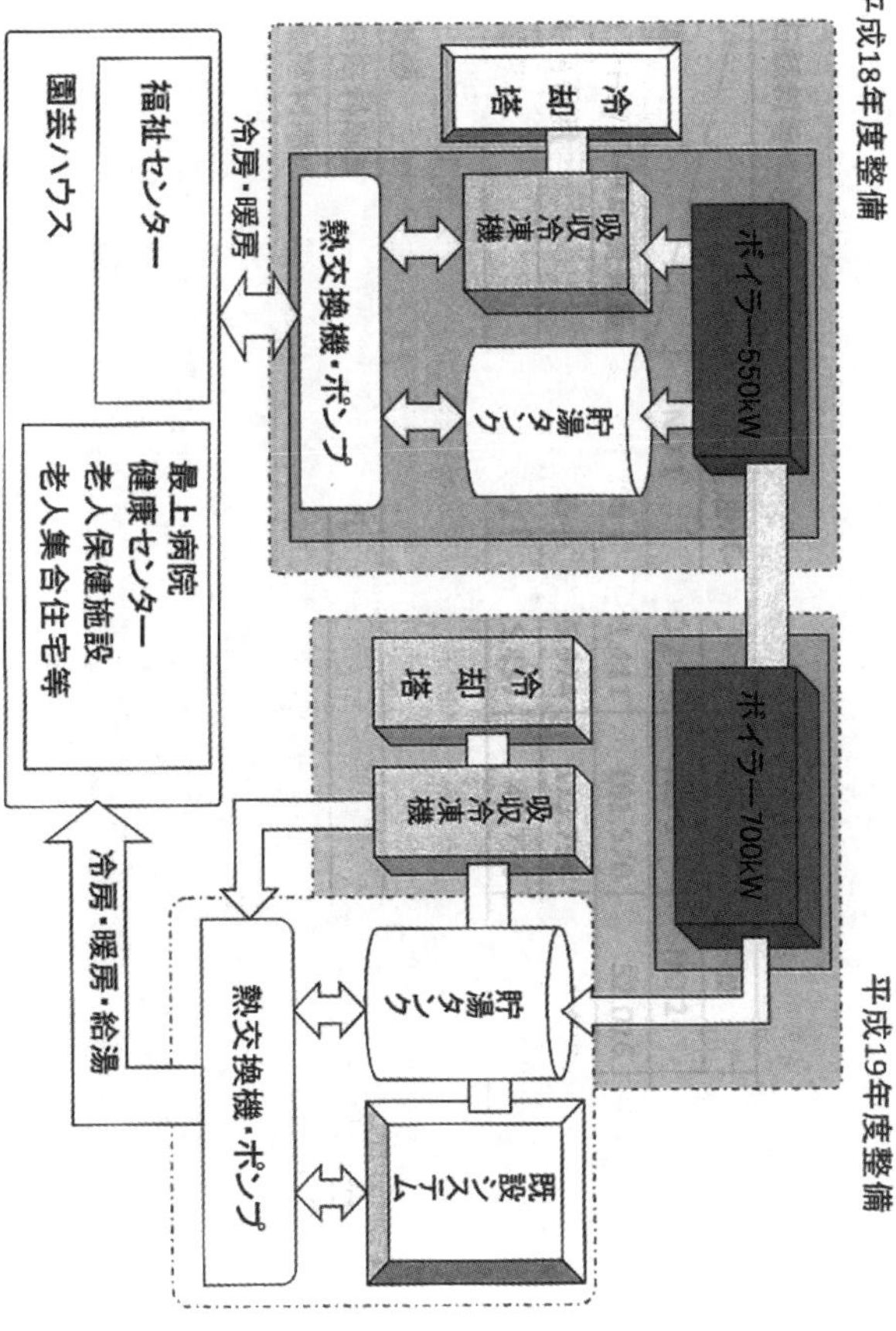

図３　ウェルネスプラザのエネルギー利用システム
（※平成24年に特別養護老人ホーム移転建築完了）

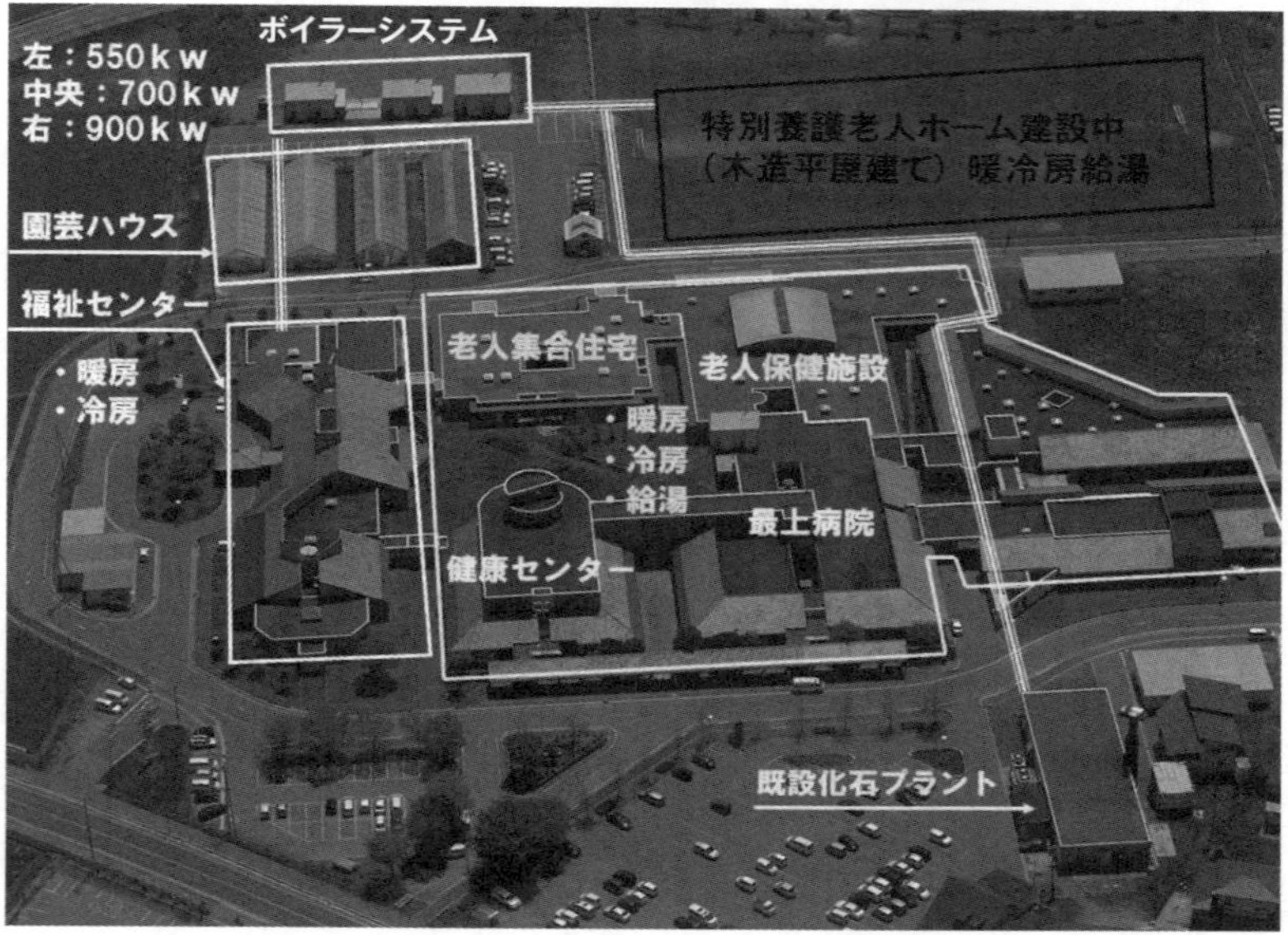

ていたはずのお金が、その分、地域内で回ったということである。これからもウェルネスプラザにて木質エネルギー需要を安定的に確保する限り、その分、町内経済が回っていく。つまりバイオマス材を供給する林業関係の雇用創出にも繋がることになるのである。

林業雇用の効果

実際雇用創出の成果が出てきた。２００９（平成21）年6月に㈱もがみ木質エネルギーという企業が創設された。これは、町内の素材生産事業体と製材所がそれぞれ個別の事業に取り組むのではなく、協働で森林整備と木材の搬出及びチップの加工を一体的に行いながらコストの削減につなげる目的で起業したもので、現在では森林整備に2名、チッププラントには3名、合計5名の新規雇用が生まれている。

経済波及効果―視察ツアー

こうした最上町の取り組みは思わぬ副次効果を生んでいる。木質バイオマスエネルギー導入の先進地として全国に名を馳せるようになると、自治体を中心に年間50件前後の視察が相次いだ。

当初は町職員が対応していたが本来業務に支障が出てきたために、2012(平成24)年秋以降は地元の旅行会社が業務を商品化し、『バイオマスエネルギー地域システム　森のある暮らし視察ツアー』として最上町観光協会の専属のガイドが、バイオマスエネルギー地域システム化と最上町の循環型社会の取り組みを案内する。常時稼働しているチッププラントやウェルネスプラザを見学の目玉として林業現場のほか、併せて町の主要な観光箇所や温泉旅館での宿泊や農家レストランでの昼食等のコース設定も可能となっている。2012(平成24)年には220人、翌年2013(平成25)年には395人の視察者を受け入れた。

このように町の森林の整備と林業の再生以外に、若者の新規雇用の創出を生み、さらに地域の観光・農業への波及効果を考えると、山村地域の経済活性化にも大きく貢献しているといえるのである。

写真３　「バイオマスエネルギー地域システム　森のある暮らし視察ツアー」の一場面。町内の観光産業にも経済効果が波及している

地場材を使った市街地づくりと木質バイオマスによる地域熱供給

紫波グリーンエネルギー株式会社（岩手県紫波《しわ》町）

駅前の地区に木質バイオマスで地域熱供給

東京から新幹線で2時間半、さらに東北本線に乗り継いで20分電車に揺られると紫波中央駅に到着します。電車を降り、木造の駅舎を抜けると、眼前には遥か奥羽山脈の山々が横たわり、その手前には緑に溢れた空間が広がっています。現在開発が進んでいるオガールエリアです。オガールエリアは紫波中央駅前に位置する10・7haの町有地で、この中に役場庁舎や図書館といった公共施設や、サッカーコートやバレーボール場などのスポーツ施設、ホテルやカフェ、産地直送などの商業施設、分譲中の住宅など、生活に必要な様々な施設が存在しています。そ

写真1　紫波中央駅前に位置するオガールエリア（町有地）には、公共施設やスポーツ施設、商業施設、住宅など様々な施設が建てられています

の大部分が木造で、しかも町産材が多く使われています。

このエリア内にえんじ色の小さな施設があります。当社が運営する地域熱供給拠点「エネルギーステーション」です。ここでは木質チップを主な熱源として給湯、暖房、冷房に用いる温水と冷水を製造し、オガールエリアの大部分に対して地域熱供給を行っています。

街区の開発に合わせてエネルギーステーションを建設

オガールエリアへの地域熱供給計画の始まりは2011（平成23）年度でした。当時は紫波町が自ら熱供給事業主体となるこ

写真２　地域熱供給拠点「エネルギーステーション」はオガールエリアの一等地に位置しています

とを想定し、「紫波町紫波中央駅前エネルギーステーション構想調査」を行っていました。年度末には構想がまとまり、2012（平成24）年度に入ってさらに検討を進めようとしたところ、本事業に適した自治体向けの補助がなかったことや、これまで国内に前例のない取り組みであったことなどが原因となり、紫波町自らが熱供給事業主体となることが見送られることになりました。

このような状況の中で当社（厳密には親会社である環境エネルギー普及株式会社）が民間事業として実施することを提案し、紫波町と協定を締結、環境省の補助事業にも採択されました。

エネルギーステーションの建設は、オガー

ルエリアの街区の開発に足並みを合わせて進められ、2012（平成24）年7月のオガールベース（バレーボール専用体育館が併設されたホテル）の開業に合わせて、地域熱供給もスタートしました。その後、役場庁舎や住宅への熱供給が開始しており、今後は、保育所や住宅などの新しい建物の完成に合わせて、順次熱供給を開始する予定です。

農林公社が地場材を購入、チップ加工

エネルギーステーションで使用されている主な熱源は木質チップであり、これは一般社団法人紫波町農林公社より供給されています。

農林公社では、森林組合などの林業事業者から丸太を購入してチップに加工し、これをエネルギーステーションに納めています。丸太はマツクイムシの被害木やスギの間伐材を使用しています。

また、農林公社では紫波町と連携して間伐材搬出受入事業を行っており、この事業で町民個人から集められる丸太もチップの原料となっています。この事業では、1tの丸太に対して、紫波町から5000円のクーポン券が交付され、農林公社からは1000円の現金が支給され

写真３　エネルギーステーションの熱源となる木質チップを加工するチッパー機（トラクタのPTOで動く）

ています。このクーポン券は、町内のエコショップしわ認定店（※紫波町独自の『エコショップしわ認定制度』により認定された小売店舗）で使用できる他、地域熱供給の料金の支払いにも利用できます。

加工するためのチッパー機や運搬するためのトラックは紫波町が所有し、これを農林公社で管理しています。チッパー機はオーストリア製のもので、専用の動力源を持たず、トラクタのＰＴＯで動くタイプです。牽引式で土場内を自由に動き回り、備え付けのグラップルで丸太を扱うことができます。また、丸太を割る機能も備えており、そのままでは加工す

写真４　チップ運搬トラックからエネルギーステーションのサイロに投入される木質チップ

ることのできない大口径の丸太にも対応することができます。運搬トラックは２ｔのロール車で、１コンテナ当たり５㎥の木質チップを運ぶことができます。

農林公社で製造された木質チップは、エネルギーステーションで利用される他に、町内にあるラ・フランス温泉館で暖房、給湯に利用されています。

チップボイラーで温水と冷水を製造

エネルギーステーションのチップサイロに投入された木質チップは、

コンベアで運ばれ、チップボイラーに投入されます。チップボイラーはオヤマダエンジニアリング製の定格出力５００kWのもので、85℃程度の温水を製造します。このチップボイラーは無圧式で、缶水は大気に開放されているため、資格を持った作業主任者を設置する必要がありません。また、他の回路は密閉式であるため、熱交換器によって蓄熱タンクに熱を受け渡しています。

冷水は荏原冷熱システム製の吸収式冷凍機で製造されます。これは、灯油やガス等ではなく温水を熱源とする設備で、７℃程度の冷水を製造します。

製造された温水と冷水は、２台ある10ｔのタンクに蓄熱されます。エネルギーステーション内の設備は自動制御されており、主に蓄熱タンクの温度によって、各機器に運転指令が出されます。制御盤にはタッチパネルが備わっており、また遠隔操作が可能であるため、エネルギーステーションに常駐する従業員はいません。何かトラブルが発生した場合は、担当者の携帯電話に自動的にメールが発信されるようになっています。

チップボイラーは発生する灰や煤《すす》を自動で排出する機構が備わっていないため、２週間に１度、運転を停止して3時間程度の清掃を行う必要があります。清掃を行うためには、夏であれば20時間程度、それ以外の季節であれば10時間程度の冷却時間を取る必要があり、この間は温

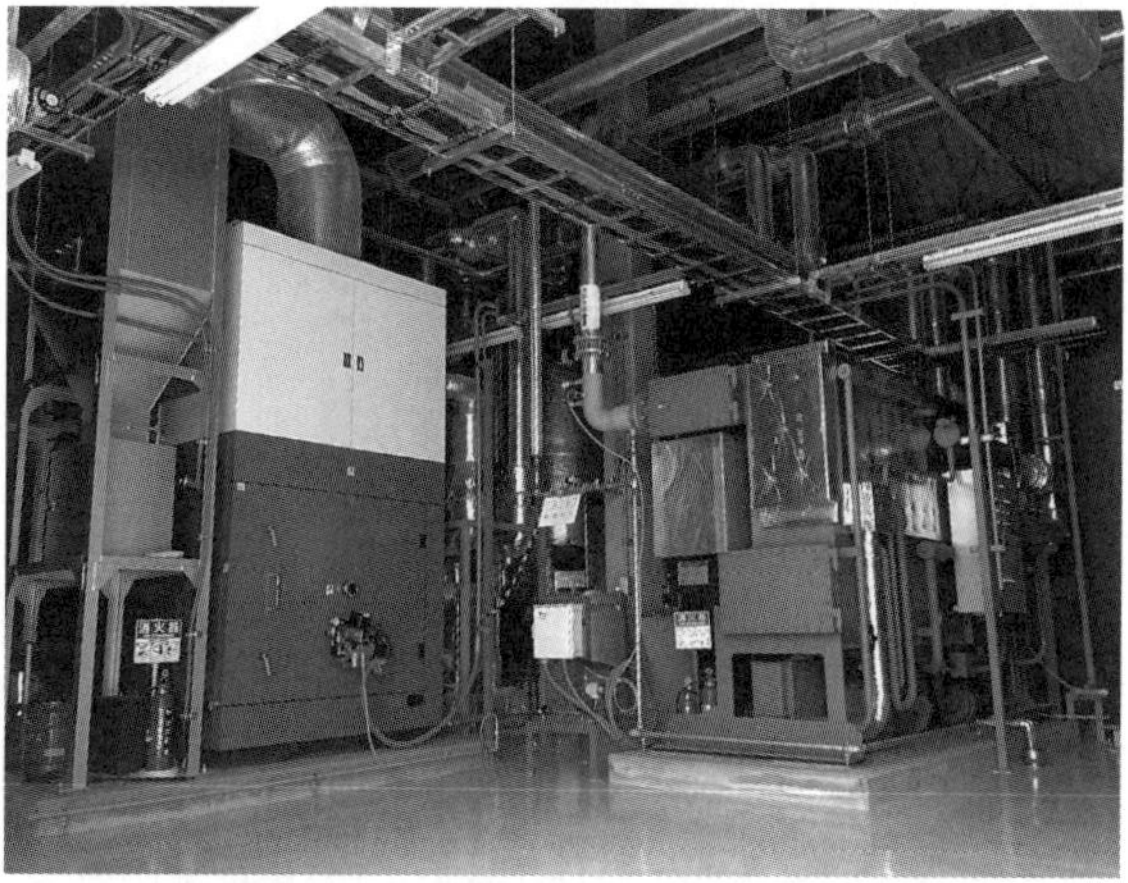

写真５　エネルギーステーションの内部。
左がチップボイラー

水と冷水を製造することができません。このため、バックアップの熱源としてガスボイラーと冷水チラーを設置しております。これらバックアップ熱源は、チップボイラーの清掃の時のほか、熱需要がピークを迎える時間帯にも動かすことがあります。

熱媒水は地中埋設配管網で利用者に送水

エネルギーステーションで製造された熱媒水（温水、冷水）は、ポンプによって圧をかけられ、地中に埋設された配管を通って熱利用者の元に送水されます。熱媒水を往き管から送り、熱利用者側に設置された熱交換器で熱を渡した後、ぬるくなった熱媒を還り管から回収する熱交換方式を採っています。地中埋設配管網は掘削距離1・5km程度、総延長3・5km程度であり、オガールエリアのほぼ全域に張り巡らされています。役場新庁舎やオガールベースなどの大規模な熱利用者に対しては専用管を設けており、住宅については逆還水法を採っています。先述の通り全て密閉回路であり、熱交換器によって縁切りされているため、スケールやスラッジ等の付着や藻の発生を防ぐことができます。

配管材は広く欧州で地域熱供給に用いられ、国内でも導入実績のあるものを採用しています。樹脂製のフレキシブル管で、重機等で曲げ伸ばしを行うことができます。長尺で使用でき、半径2m程度を確保できれば継手を使わずに曲げることができるので、十分な施工スペースが確保できる場合は使い勝手が良いですが、一方狭い施工スペースしか確保できない場合は、不便さが生じます。架橋ポリエチレン製の導管の周りに、硬質ウレタンフォームで保温がされており、その周りを波状低密度ポリエチレン管の外装が覆っています。また、導管には酸素透過防止措置が施されており、これは酸素が透過することで導管内部に不純物が溜まり、目詰まりの原因となることを防ぐための措置です。

熱媒水については、上水を使用しており、不凍液等の添加は行っておりません。温度は温水が60~75℃、冷水が7~15℃です。

写真６　エネルギーステーションで製造された熱媒水（温水、冷水）を熱利用者の元に送水する配管

熱需要を見極めた上で設備規模を決定

本事業のように、公共施設、民間施設、住宅といった様々な対象に木質バイオマスを使った地域熱供給を行うのは国内で他に例がありません。このため、導入までに様々な苦労がありました。

最も大きな問題はスケジュールの不整合でした。木質バイオマスボイラーは、化石燃料ボイラーと比べてイニシャルコストが高く、ランニングコストが安い傾向があるため、地域熱供給ならではの苦労する必要があります。しかし、本事業は新たに開発されたエリアに対する地域熱供給事業であったため、熱需要家の建物の設計が進まなければ熱需要が明らかになりません。一方、オガールエリア内の道路の整備計画は並行して進行しており、これと歩調を合わせて配管の埋設を行う必要がありました。

熱需要の判明が遅れることの影響は、他の部分にも現れました。熱需要が判明するまで売上の予想が立たず、このため金融機関からの融資を受けることも遅れてしまったのです。本事業の初期費用は環境省からの補助と盛岡信用金庫からの融資によって賄われていますが、この遅れによって工期を圧迫することになりました。

また、紫波中央駅前という町の1等地にエネルギーステーションが位置することにより、土地利用に制約がありました。周辺に木質チップから生じる粉煙を撒き散らさないよう、チップサイロは地下に設置する必要があり、これによって建設コストが増加することになりました。また、土地の広さと予算の制約により、チップサイロの容量を大きくとることができませんでした。現在のチップサイロは実容量として25㎥程度しかなく、これはチップボイラーが定格稼働すると1日と数時間程度で使い切ってしまう量です。チップボイラーを定格稼働させ続けることはほぼありませんが、このような容量の制約については、チップ納入の頻度を増やすこと、不足時にはバックアップのガスボイラーと併用するなどの対処を行っています。

熱供給で年間1500万円程度の地域収入を生み出す予定

2012(平成24)年7月に熱供給を開始したものの、まだ建設されていない熱供給先も多く、本事業はまだ未完成と言えます。すべての熱需要が揃うという想定で木質チップの使用量は年間1200t(湿潤基準含水率45%換算)になり、金利や地代、固定資産税等と合わせると、年間1500万円程度の地域収入を生み出す予定です。

今回の事業は、オガールエリアという様々な熱需要の集中した地区での地域熱供給事業であり、事業にとって良い条件が揃っていたと言えます。町内で同程度以上の熱需要が集中する場所がこれから開発されることはしばらく無いと考えられるので、今後は薪やペレットを使った小規模な熱利用の推進が必要と思われます。

町外に目を向けますと、オガールエリアと同程度の熱需要が集中しているエリアというのは多く見つけることができます。今回の事業の経験と実績を元に、全国のこういった場所への地域熱供給事業を、関連会社と一緒に興していきたいと考えています。

その際には、今回の事業のような熱供給のみではなく、熱と電気の両方を生産する熱電併給を行うことを企図しています。電気を固定価格買取制度にのっとって販売することで経済性を高められ、熱利用者によりリーズナブルな価格で熱を提供し、また適正な価格で燃料材を購入することができるからです。また、国内で多く計画されている５０００kW以上の大規模な木質バイオマス発電とは異なり、熱を使う地元から集められる範囲の燃料材で必要量を賄えること、集めた材から発生する熱を捨てることなく効率的に利用できることなども熱電併給が優れているところです。

おわりに

オガールエリアへの地域熱供給事業は、２０１４（平成26）年7月の運転開始から1年余りが経過しました。これまでにオガールベース、役場新庁舎、一部住宅などの主要な熱供給先への熱供給を開始したものの、まだ建設されていない熱供給先も多くあり、本格的な稼働開始は2~3年後を予定しています。これに向けて日々の運用を改善することに併せて、本事業のような地場材を活用できるシステムの普及を進めて参ります。

公共温泉5カ所に薪ボイラーを一斉導入、第3セクターが薪を供給

徳島県三好市役所 林業振興課
中岸　良太

間伐等で発生する低質材を市内で有効利用するために

三好市は、徳島県の西端にあり、西は愛媛県、南は高知県、北は香川県に接しており、四国のほぼ中央に位置しています。三好市の面積は７２１・48㎢で四国一の広い面積を誇り、徳島県の17・４％を占めています。

市域の大部分は丘陵ならびに山地となっており、可住地は吉野川の沿川とその支流の谷合に点在しており、その面積は13％と低く、ほとんどが急峻な山地で形成されています。中でも四

国の中央部を東西に貫く四国山地は、西日本第二の高峰、剣山（１９５５ｍ）や三嶺、そのほか黒沢湿原、塩塚高原、腕山などの自然豊かな地域です。

　本市の森林面積は、２０１４（平成26）年３月31日現在、総土地面積の87％に当たる６万３７４９haあり、木材生産機能のほか、国土の保全、水資源の涵養等多面的な機能を有しており、これらの機能を通して地域住民の生活と深く結びついています。

　この森林は戦後植林されたスギ・ヒノキがほとんどであり、植林後50～60年と木材として使用できる時期を迎え、これまでの木を育てる山づくりから、木材を利用する時代へ移り変わろうとしています。

　しかしながら、林業を取り巻く情勢は道路網等の生産基盤整備の遅れ、伐採・搬出などの経費の高騰、木造家屋等の減少による木材需要の低下などで長期にわたって産業の低迷が続いており、三好市において引き続き雇用と木材利用の拡大を中心とした森林整備を推進することによる、健全な森づくりを目指すことが原点であると考えています。

　この健全な森づくりのための森林整備を進めるにあたり、木材利用及び、原木の成長のため行われる間伐等において発生する低質材を三好市内で有効利用をすることが必要だと考えています。このようなことから近年注目されているバイオマス利活用システムは、地域におけるバイオマス資源の循環が経済的であり、また、環境に対して健全で、かつ持続可能なシステムとして、適当であったため、三好市における木材の有効利用による木質バイオマスシステムの構築を検討していました。

公共の温泉施設に木質バイオマスボイラーの導入を検討

三好市には、５カ所に公共の温泉施設があります。この地域には、長い時の流れの中でも美しい景観が保たれてきたことにより、間近に見える美しい岩石やＶ字谷の様子などから、日本列島の成り立ちがわかる全国的にも貴重な場所として、２０１４（平成26）年３月18日、国の天然記念物（地質鉱物）に指定された大歩危《おおぼけ》や、小歩危《こぼけ》、祖谷《いや》渓が独自の自然景観をなし、剣山国定公園に指定されております。また、国の重要有形民俗文化財「祖谷のかずら橋」など自然、文化遺産や伝説の宝庫となっています。この各名所に合わせるように、いやしの温泉郷ホテル三嶺（旧東祖谷山村）祖谷渓温泉ホテル秘境の湯（旧西祖谷山村）大歩危温泉サンリバー大歩危（旧山城町）松尾川温泉（旧池田町）三好市ふれあい紅葉《もみじ》センター紅葉温泉（旧三野町）が建設されています。これらの温泉施設は合併前の旧町村時代に整備されています。

図1　市内5カ所の温泉施設

施設の運営については、松尾川温泉は業務委託、その他の施設については指定管理者制度による運営を行っていますが、近年では入込客数の減少や、温泉施設の稼働に必要な燃料となる重油等の高騰などにより、燃料費の占める割合が多く、経費削減を行うためには燃料費の削減が重要不可欠となっていました。

このようなことから、木材を用いたバイオマスボイラーの導入の検討を本格的に行うことになり、研究機関へ調査依頼をしました。

次のことについて検討が行われました。

○木質バイオマス燃料（薪・チップ・ペレット・おが粉）の評価
○木質バイオマスボイラーメーカーの評価
○市内5カ所の温泉施設への木質バイオマスボイラー導入効果及び規模

燃料に製造コストが安価な薪を選択

最初に、木質バイオマス燃料となる、薪・チップ・ペレット・おが粉については次のように評価しました。チップ・ペレット・おが粉は製造設備にも影響されますが、採算性を確保するためには多額な設備投資を伴うケースが多く、また、稼働率を上げてプラントを運営する必要があり、同時に需要の開拓を行うことが必要となります。

一方、薪については製造設備に多額な設備投資は必要がなく、製造コストを比較的安価に抑えることが可能です。薪は利用機器によっては電気を使用せずに利用可能であり、災害時においても最も利用価値の高い燃料であることから、市内での普及により、地域の防災力を高めることもできると考えました。

また、今後の取り組み次第では、木材の搬出・利用等に市民が自らかかわることができ、地域の産業につながるなどの利点があると考えられたため、薪利用について検討を行っていくことにしました。

燃焼効率と導入後の管理のしやすさで薪ボイラーを選択

次に、薪ボイラーメーカーの評価については、国内の主な薪ボイラー取り扱いメーカーである、A社、B社、C社の3社で検討することにしました。

薪ボイラーを選定する上で、燃焼効率がよく、導入後の管理等においても簡易であることなどが重要であり、3社において比較検討を行った結果、国産機で唯一2次燃焼技術を有した高効率薪ボイラーであり、灰の発生量が少なく、日常のメンテナンスが容易であることと、含水率の高い薪（40% w.b.程度）でも、燃焼可能とされているため、乾燥が不十分な薪の利用も可能であることなどの利点があることにより、A社が取り扱う薪ボイラーを採用することになりました。また同社は、近県において、導入実績があったため、現地視察を行い実際の導入における説明を聞くことができたことも選定の上で参考としました。

各温泉施設に最適な設備規模を算定

最後に市内の５つの温泉施設への薪ボイラーの導入効果及び規模についてですが、各温泉施設の稼働状況を現地調査、聞き取りにより把握し、熱付加パターン算定後、ランニングコスト収支において最も経済的に最適な設備規模の算定を行いました。

なお、薪ボイラーは、出力調整が難しいことと、各施設に化石燃料を使用するボイラーが設置されていたため、既存のボイラーと併用をすることにより、効率的な熱供給に対応できる木質バイオマス燃料と化石燃料とのハイブリットシステムを採用することにしました。各施設の薪ボイラー台数の選定を行った結果が表1のとおりです。(サンリバー大歩危は5台、松尾川温泉は2台が最適でしたが、スペース等が十分に確保できないため、上記のボイラー台数となりました。)

表１　各施設の薪ボイラー台数

いやしの温泉郷	３台
ホテル秘境の湯	４台
サンリバー大歩危	４台
松尾川温泉	１台
紅葉温泉	３台
合計	15台

薪製造は第3セクターに委託、2人の雇用が発生

先述のボイラーを導入する上で問題となるのが、薪の材料となる原木の確保です。薪ボイラーの設置により年間約1300t（内訳は、いやしの温泉郷311t、秘境の湯356t、サンリバー大歩危285t、松尾川温泉81t、紅葉温泉245t）の薪が必要となるため、製造施設の確保や材料原木の調達も行わなければなりません。しかし、三好市内に木質バイオマス燃料製造事業所はないということから、木質バイオマスの活用による地域内での森林資源の循環及び雇用創出を進めていく上で、製造拠点整備が必要となりました。

幸いにも、三好市には森林整備と林業後継者の育成を目的として、第3セクター㈱山城もくもくが1997（平成9）年に設立されていました。同社は、森林整備（植栽から伐採）、木材加工（製材）を行っており、現在年間約4500㎥の素材を生産し、三好市が林業振興を進めていく中で、重要な役割を担っています。市としては、薪製造に必要となる施設の整備を行う上で、市有の木材加工施設の敷地内に、新たに施設を整備し、山城もくもくが薪製造を行うことで薪材（低質材）の確保から、製造、搬送までを一貫して行うことができるシステムを

構築することができました。

薪の製造については、原木を搬入後、約１ｍに玉切りし、薪割機を使用し、薪を製造します。この際、約１㎥のラック（特注品）に大きく割った薪と細かく割った薪を詰め込み、自然乾燥させます。時期にもよりますが、２〜３カ月の乾燥が必要で、冬期においては、積雪等があるため、薪製造における施設（建屋）において乾燥を兼ねて保管しています。また、薪の安定供給を行うため、割ったまま、野積みし、乾燥を行っているものもあります。施設においては、常時４００ｔほどの薪を保管しています。

この薪ラックをトラックに６〜８ラック積載し、各温泉施設に運搬し納入します。温泉施設によって薪ラックの保管個数は違っており、４〜20ラックの保管ができます。施設によっては、片道1時間半ぐらいを要し、運搬だけでも膨大な時間を要します。また、１日あたり1つのボイラーにつき、約半ラックの薪が必要となるため、２〜３日に1度は、薪の納入が必要です。このようなことから、薪の製造において、新たに２人の雇用が発生致しました。

写真１　薪割り機で薪を製造（第３セクター山城もくもく）

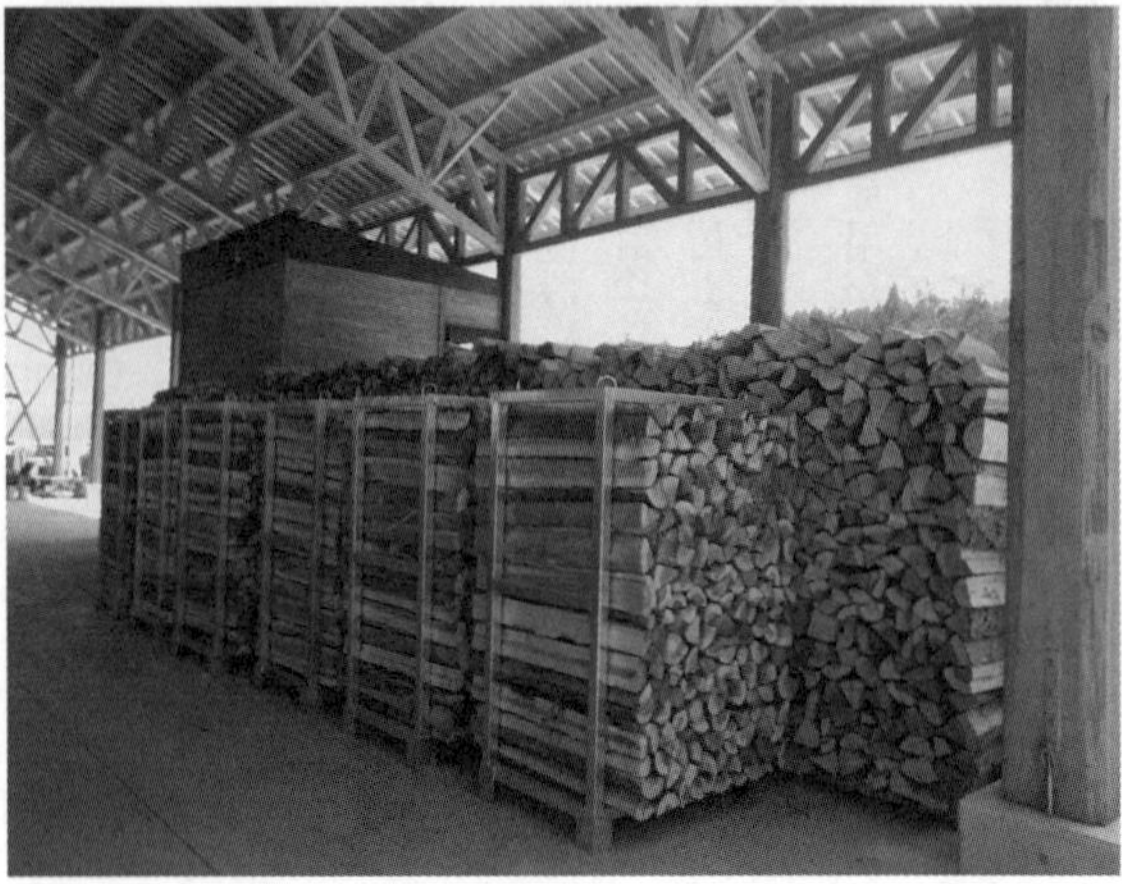

写真２　山城もくもくの薪施設。約３～４カ月分の薪を保管できます

写真３　薪ラックをトラックで各温泉施設に運搬し納入します。薪ラックは特注品です

既存の配管に新たな薪ボイラーの配管を組み込む

薪ボイラーの設置で、まず苦労したのは、前述のように既存ボイラーとの併用での仕様となるため、既存の配管を活用しながら、新たな薪ボイラーの配管を組み込む必要がありました。また、薪ボイラーは１基につき寸法が幅９１６×高さ１８５５×長さ２２８０㎜あり、配管などを含むと設置スペースが広大になる上に、貯湯タンク等の設備も必要となる場合があり、施設によっては、新たに建屋を建築しなければなりませんでした。建屋を建築しない場合でも、既存施設の駐車場の一部の活用や、既存施設を改築

表2

いやしの温泉郷	31,146,697円
ホテル秘境の湯	44,702,757円
サンリバー大歩危	47,773,109円
松尾川温泉	13,498,474円
紅葉温泉	32,020,499円
総事業費	169,141,536円

※事業名　平成25年度森林整備加速化・林業飛躍事業（木質バイオマスボイラー利用施設整備）

し設置スペースを設ける必要がありました。

このようなことから、各温泉施設における事業費（※）は、表2のとおりです。

ボイラーの管理等で新たな雇用が発生

温泉施設は指定管理制度及び業務委託によって管理運営されており、薪ボイラーの管理についても行っております。薪ボイラー運転時における薪の投入は2時間おきぐらいに1度必要です。施設によっては営業開始が早い施設もあり、薪ボイラーによって適水温にするために、午前5時頃から稼働しているところもあります。また、ボイラーは2次燃焼構造となっており、1000℃超の温度で再燃焼を行いますが、小量ながら残灰が発生します。このことにより、灰を取り除く作業等が必要となります。このような化石燃料にはない作業

写真４　温泉施設に設置された薪ボイラー。設置のために建屋の増改築も必要となりました

写真５　温泉施設に納入された薪ラック

が増えたことにより、ボイラーの管理等においても新たな雇用が発生しています。

この薪ボイラーの設置により、各温泉施設の重油の使用料が減少しており、施設によっては1カ月における燃料使用料が約3000Klの削減がされました。また、木材の利活用により市内で伐採した木材を市内で消費することによる循環システムができました。

今後、三好市の豊かな森林資源を活用したバイオマスエネルギーの可能性と利用の拡大を検討することで、地域の活性化につながるような取り組みが展開できるように、今回のバイオマスボイラー導入による課題や成果の検証を進めていきたいと考えております。

木の駅で林地残材を集荷、村の福祉施設の薪ボイラーで利用

長野県根羽村役場教育長（元振興課長）
小木曽秀美

根羽村のほとんど全戸が森林を所有

長野県の最南端に位置する根羽村は、人口１０６０人、４４３世帯、村の92％が森林という山村です。愛知県豊田市と岐阜県恵那市を県境に持つ「信州の南の玄関口」でもあります。村内には、国道１５３号線が南北に縦貫し、３本の県道が村内を横断しています。名古屋市へは車で約90分、県内の中核都市である飯田市へは約50分の距離にあります。

平成の大合併の際、県境に位置する当村では、現状では合併するには困難な地域であるとの

結論から、2004（平成16）年の「ネバーギブアップ宣言」により、地域にある資源を最大限活用しながら、地域づくりを積極的に進めていくこととしました。

根羽村にある最大の資源は「森林と水」です。村では、明治時代から村有林を村内全戸に分収林・貸付林として1戸当たり5・5haを貸付し、村内ほとんど全戸が最低でも5・5haの森林を所有する「山持ち」となっています。

林地残材を集める「木の駅プロジェクト」に注目

2011（平成23）年に岐阜県恵那市で開催された「第1回　木の駅サミット」に出席した村の議員の1人から、根羽村でも木の駅プロジェクトを始めようと提案がありました。「木の駅プロジェクト」は、2008（平成20）年に始まった「C材で晩酌を」を合言葉に副業的に低質な材を地域通貨で買い取る林地残材集材システム（土佐の森方式）を大規模なプラントがなくても実現できるように改良したもので、2009（平成21）年にNPO法人夕立山森林塾が恵那市笠周地域（岐阜県）で立ち上げ、誕生しました。

木の駅プロジェクトは、すでに全国で30近くの団体が立ち上がっており、根羽村と同様に、

村の福祉施設の薪ボイラーで利用

人口の減少と高齢化が進む、典型的な山村の多くが取り組んでいます。仕組みは出荷登録者がこれまで価格が付かなかった根曲り材などの林地残材を軽トラックなどに積んで木の駅に出荷すると「現金＋地域商店でのみ使用できる地域通貨」（＝6000円／t）が支払われるものです。集まった木の出荷先は主に製紙用チップ（約3000円／t）であり、販売額と購入額の差額は寄付金や行政の補助金で補填し、活動している地域が多いようでした。

地域の活性化と森林整備の促進を図るためには、木の駅プロジェクトの仕組みは画期的ですが、販売額と購入額の差額、いわゆる逆ザヤの解消をどうするかが課題となっていました。

高齢者の福祉施設に薪ボイラーを導入

村内で木の駅に注目が集まっていた2012（平成24）年、根羽村では高齢者福祉施設の建設計画が進められていました。

施設は、地域の木材をふんだんに使った建物にするとともに、地域にある自然エネルギーの活用することをコンセプトに計画が練られ、施設の暖房や給湯の熱源として木質バイオマス燃料を活用することが決まりました。

村では施設整備に向けて、どのような木質バイオマスを活用するシステムにするのか、議会と一緒になり全国の先進地を視察し、検討を重ねました。

チップボイラーは、自動運転、燃料の自動投入ができる反面、ボイラーやチップをつくる設備投資が大きくなります。また、視察をしたことにより、チップの乾燥が難しく、煙の問題やチップの詰まりなどの新たな問題点も見えてきました。

薪ボイラーは、構造がシンプルで壊れにくく、また、薪をつくるための大きな製造工場の必要がなく、チェーンソーと軽トラックと薪割り機があれば十分ですが反面、薪を人の手でくべなければならないことや、チップボイラーと比べ、出力が小さいなどのマイナス面もありました。

村では当初この福祉施設に、チップボイラーの導入を検討していました。しかし、視察を重ね議論する中で、最終的に根羽村では薪ボイラーを導入することに決定しました。

また、この福祉施設の建設計画の中で木質バイオマス活用の検討をしたことを契機に、村では木の駅プロジェクトの機運が盛り上がりました。

施設開所に先行して薪をつくる

薪は乾燥が製品の良し悪しを左右するため、2015（平成27）年4月の特別養護老人ホーム開所に向け、先行して薪をつくることになりました。

2013（平成25）年6月に村民に「木の駅」の説明会が開催され、8月には村民有志による「木の駅ねばりりん実行委員会」が立ち上がり、10月から木の駅への出荷を始めました。

当初、13人だった出荷者も現在では43人に増え、登録商店は22店舗とほとんどの村内の商店で地域通貨券が使えるようになりました。約1年間で310㎥の未利用材が木の駅に集められ、約140万円の地域通貨券が村内の商店で利用されました。

集められた材は、木の駅メンバーを中心に新たに立ち上がった「NPO法人森の民ねばりりん」が薪に加工し、販売を担うことになりました。

写真1　「木の駅ねばりん」のオープニング。材を積載した軽トラックが行列をつくりました

薪ボイラーは予想以上に手間がかからない

２０１５年3月に開所した高齢者福祉施設「ねばねの里なごみ」に導入された薪ボイラーはオーストリアＫＯＢ社製で１７０kW／ｈの能力があり、バックアップのＬＰＧボイラーとのハイブリット方式です。

ＫＯＢ社製の薪ボイラーは、薪を1度に約3・5～4㎥投入でき、燃焼が始まれば約4時間燃焼し続けるので、ほとんど人手をかける必要がありません。着火もいたって簡単です。当初、ボイラーへの薪投入をＮＰＯ法人が担う予定でしたが、予想していたほど手間がかからないため、福祉施設の職員が担当し、

村の福祉施設の薪ボイラーで利用

写真２　木の駅に積まれた材。根羽村では、木の駅に行政からの助成は行っていません。計算上は赤字にならない計画ですが、じっくりと活動を見守っていく考えです

写真３　「NPO法人森の民ねばりん」が薪割り機で薪に加工します

写真４　2015年３月に開所した高齢者福祉施設
「ねばねの里なごみ」

写真５　福祉施設のボイラー棟。軒下に燃料の薪をストックしています

写真6　薪ボイラーに薪を投入。予想していたほど手間がかかりません

その分、薪を安く提供できるようになりました。

暖房の必要な冬季間は、1日3回〜4回、薪の投入を薪ボイラーにし、夜はLPGボイラーで運用を行っています。

福祉施設の開所から約半年が経過しましたが、いかに効率よく薪ボイラーを運用するか試行錯誤の日々です。

家庭用の薪ストーブ・ボイラーへの需要開拓も

化石燃料は、その時々の世界情勢により価格が大きく変動しますが、薪は一定の価格で供給することで十分化石燃料に対抗できるものと考えています。

薪は大きな製造工場が必要なく、軽トラックとチェーンソーと薪割り機があれば十分で、初期投資が少なく、誰でも手軽に始められます。NPO法人では福祉施設用に90cmの薪を製造していますが、家庭用の薪ストーブでも使えるようさらに半分の長さにすることを決めました。福祉施設への安定供給を第1に、将来的には家庭用の薪ストーブや薪ボイラーへの需要開拓も視野に入れています。

木の駅プロジェクトと薪事業は、まだ立ち上がったばかりですが、地域にある森林を最大限に活用することで、地域エネルギーの循環が図られるとともに、林業が低迷する中で、少しでも山に目を向けてもらえるきっかけになるのではないでしょうか。

また、地域通貨券を活用することで、小さな自治体の活性化と、その活性化がより持続可能で広がりのあるものになるようにしていき、少しでも多くの森と地域を元気にしていきたいと考えています。

村の福祉施設の薪ボイラーで利用

根羽村の林業の歴史

根羽村では、古くから林業に熱心に取り組んできましたが、これは村独特の森林所有構造にあります。村では、明治時代から村有林を村内全戸に分収林・貸付林として1戸当たり5・5haを貸付し、村内ほとんど全戸が最低でも5・5haの森林を所有する「山持ち」となりました。このことにより、村民のほとんどは森林組合員を兼ねるという、根羽村独特のシステムが構築されたわけであります。

また、1920（大正9）年には村有林約1300haを国と村との間で「官行造林契約」を締結しました。これは、土地は村が提供するかわりに、植林やその後の管理は国が行い、立木の伐採時には収益を分配するという内容でした。昭和30年代には、この官行造林の売払収入によって村の財政は大きく潤い、多くの生活環境施設整備が進められました。村民においても、山からの収入は家計に大きな潤いともなったわけです。林業への恩恵と山づくりへの重要性を身をもって体験する中で「親が植え、子が育て、孫が伐る」という、確固たる根羽村林業の哲学が林業による豊かさを経験している村民の中に、生まれたわけです。木材の輸入自由化、オイルショック、材木価格の低迷等により、林業を取り巻く環境は厳しい時代が続き、全国で林業離れが進む中でも、根羽村では「この林業低迷は一過性である」という考えから、一生懸命に山づくりを継続してきました。

何といっても根羽村にある最大の資源は「森林と水」です。村内では7軒あった製材工場が次々と閉鎖し、最後の1軒も廃業することとなりました。材木を丸太で販売することに限界を感じていた村では、この工場を買い取るという行動にでました。林業を再度「業」として復活させるには、この製材工場は大きな意味を持つものでした。今までは、木を伐って市場へ販売するというのが当たり前でしたが、村ではこの丸太にいかに付加価値を付けて販売し、少しでも利益を山主に還元できるかという仕組みを考えたわけです。村では森林組合と連携し、「木を植え・育て・伐採する」第1次産業、「丸太を加工する」第2次産業、「加工した製品を販売する」第3次産業を村内で完結する「トータル林業」を考案しました。

この中で地域の設計士や工務店の皆さんの協力により、家づくりに地域材を使える仕組みづくりができたことが成功の大きなポイントでした。山で伐採された木が、目に見える形で製品化され、安心して使える建築用材としてお施主様へお届けできる「邸宅管理方式」

が完成されたわけです。また、２００５（平成17）年からは無料で根羽スギの柱50本をプレゼントする事業を開始し、大変好評となっています。

矢作川を通じた交流は、根羽村の森林経営にも大きな効果をもたらしています。１９９１（平成３）年に、安城市と「矢作川水源の森分収育林契約」の締結、２００４（平成16）年からはアイシングループと「森林の里親制度」を結び、山づくりに企業の皆さんにも積極的に参加していただいています。また、根羽村の森林をステージとして、下流の子どもたちが環境学習の一環で根羽村を訪れ、水がどこからどのように来るのか、自分たちの目で見て、体験する取り組みも始まっています。

森林を守り育てることにより地域に林業が「業」として復活し、森林を守ることが水源を守ることにつながるという、森林の持つ公益的機能が、上流と下流の連携によって守られて行くという当村の取り組みは、未来永劫にわたって引き継がれていくものと確信しています。地域にある資源を活用して地域をつくる取り組みを今後も積極的に続けていきたいと考えています。

薪から始める小規模システムの経済効果分析
―地域主体のシステムづくり

Bスタイル PJ研究グループ
田内 裕之（森と里の研究所、元森林総合研究所）
鈴木 保志（高知大学）
吉田 貴紘、垂水 亜紀、北原 文章（森林総合研究所）
中山琢夫（京都大学、元JST-RISTEX研究員）

地域のモノや技術に注目

日本の中山間地域は、人口の減少・高齢化、産業の衰退などにより、地域社会は崩壊の危機に晒されています。経済面から見ると、ほとんどの農山村にはエネルギー関連産業がないために、燃油や電気代等の支払いは、対外（地域外）へ向けてであり、これが経済疲弊の大きな原因となっています。

中山間地域における自然エネルギー源としては、バイオマス、水力、風力、太陽光等が考えられますが、大規模かつ高度な技術を必要とするエネルギープラントは、地域住民が運営主体となるためには、技術的・コスト的にハードルが高すぎます。しかしながら、適正な規模と技術でエネルギーを地域内生産できれば、地域内で資源や経済が循環しますし、中山間地域の存在意義としても重要になると考えられます。

国土面積の73％をも占める中山間地域には、森林がその内80％以上と大きな面積を占めています。蓄積されてきた森林資源を、いかに使うかが問われています。現在、その利用方法として脚光を浴びているのが燃料です。木質バイオマスを使い、ガス燃料化や電力化（発電）する試みは、経済産業省によって古くから行われてきました。それらを事業化するにあたり、実証試験が10年ほど前に行われましたが、原料となる資源（林地残材等）が持続的に確保できない、プラントのメンテナンス技術が高度すぎて地域では運用できない等の理由により、多くの場所で廃れてきました。

私たちは、残材を収集運搬する基となる林業や、それを動かす組織・体制が確立していない地域では、大規模かつ継続的な資源供給は困難であると考えました。そのような事例を横目で見ながら、私たちは、地域にある、森や里や海川の恩恵を上手に利用してきた先人たちの知恵を再構築し、地域が持っているモノや技術で、自らの手によって、地域の再生を目指す仕組みづくり（社会技術）の開発を行ってきました。

ここでは、高知県仁淀川流域で行われた実証試験に基づき、森林資源の適正な利用による、環境保全機能（CO_2削減効果）、地域活性効果（雇用、経済など）、資源の持続性を明示し、中山間地域でのエネルギーにおける自立が、地域の再生に大きな意味を持つことを明らかにしました。

木質バイオマスのエネルギー化

木質資源からできる燃料には、いくつかの形態があります。大きく分けると、薪、チップ、ペレットとなります。それぞれの特徴は表1に示しますが、簡単にいえば製造の容易さは、ペレットよりチップ、チップより薪となり、利用の容易さでは薪よりチップ、チップよりペレットとなります。薪という燃料は、まさに端材等の木材を割ったものですが、重量が重いために、

表１　各木質燃料の特徴

	長所	欠点
薪	・長時間燃焼可能 ・燃焼装置が簡便 ・低価格	・自動燃焼不可 ・重く、運搬が難 ・水分や品質にバラつき
チップ	・自動燃焼可能 ・軽量で運搬が容易 ・様々な用途	・燃焼装置の小型化が難 ・かさ高くなる ・水分にバラつき
ペレット	・小型装置で自動燃焼可能 ・運搬が容易 ・容積が小さく品質が均一	・加工に手間がかかる ・燃焼装置が高価

価格の多くを占めるのが運搬費となります。つまり、薪の加工は簡単にできるが、生産場所から遠い場所での利用にはコストがかさむということになります。熱源としての薪の利用は、かまどによる煮炊きや風呂焚き、囲炉裏や暖炉による暖房等、古くから使われてきました。しかし、１９５０年代の燃料革命以降、薪は、それを手作業でくべるという面倒さ、煙、熱効率の悪さ等々の問題で使われなくなってきました。

近年になって、熱交換率が80％以上と高く、排煙の少ない高効率のボイラーやストーブが市販されるようになり、脱化石燃料の流れの中で、薪は温浴施設や、施設・家庭の熱源として使用が増加しつつあります。また、薪を使うボイラーやストーブの構造は比較的単純ですし、高度な運転技術も必要ないことも、受け入れやすさの１つになっています。

地域エネルギーとしての薪利用―薪の利用システム

燃料としての薪は、主に未利用材（端材や切り捨て材などの林地残材）を原料としています。薪として利用施設へ運搬する場合、経費の多くを占めるのが運搬費です。そのため、この調査の前段として、地域利用する場合の有効な収集運搬方法を明らかにしました。もちろん、大型機械で残材を収集し、大型トラックで運搬する方法が収益性は高いのですが、自伐林家と呼ばれる個人規模のレベルでも、山や畑に作業に行った帰りに、周辺にある残材を収集して軽トラックに積み込み、集落近くにある土場（運搬距離10㎞以内）へ持ち込むことで、十分な副収入になることが解りました。この事についての詳しい説明は、全国林業改良普及協会『林業改良普及双書No.１８１　林地残材を集めるしくみ』（２０１６〈平成28〉年）をお読み下さい。

林地残材の収集運搬は、小規模でも生業として成り立つことが解ったため、地域で運用できる小規模なエネルギー利活用体制（エネルギーの地産地消システム）を、薪を中心とした小規模システムで組み立て、検証してみることにしました（図1）。

当時、ある温浴施設がボイラーの更新期を迎え、地域の未利用木質資源の利用を進めるため

図1　木質バイオマスによるエネルギーの地産地消システム

表2　実証試験が行われた温浴施設における薪生産・利用の諸条件

条件	方法/数量
収集運搬方法	個人（チェーンソー・軽トラック）
運搬距離	加工場まで10km＋利用施設まで10km
加工	電動薪割り機
乾燥形態	天日乾燥
薪ボイラー出力	70kW x 3基
利用者数	20,000人/年
薪使用量	210ｔ（生重）/年
薪買取価格	4,000円/ｔ（生重）
燃油価格	84円/ℓ

上記のほか、文中の他の算出数値は、すべて2013（平成25）年当時の価格や統計値を基礎にしています。

に、薪ボイラーを導入することになりました。この温浴施設は通年営業されており、表2のような条件で運用することになりました。そこで、この出力70kWの薪ボイラー3基が熱源として稼働するシステムが、環境・経済面でどのような効果を生み出すのかを調査しました。

環境効果—薪利用によるCO_2排出量削減

まず、薪を利用した場合、そのCO_2排出量削減効果（環境保全機能）はどれくらいかを算出してみました。CO_2排出量は、薪の生産・利用のために必要な燃油、電力使用量から求めました。なお、薪割り機の消費電力は極めて低かったこ

表3　薪ボイラー利用によるCO_2排出量

項目	原料生産		薪加工		薪利用	合計
	収集・搬出	運搬	製造	運搬		
機材・燃料	チェーンソー等 ガソリン	軽トラック ガソリン	薪割り機 電気	軽トラック ガソリン	薪ボイラー 薪・電力	
条件	残材玉切り 人力車載	運搬距離 10km	薪割り機	運搬距離 10km	人力投入	
CO_2排出量 (t-CO_2/年)	1.5	2.5	≒0	2.5	9.4	15.9
以前のCO_2排出量 (t-CO_2/年)		1.7 (石油備蓄基地からの運搬分)			149.3 (石油ボイラー)	151

値は年間値で、算出条件は表2のとおりです。

とからCO_2排出量を0とみなしました。

これらを計算すると、薪を生産し、エネルギー利用（燃焼）に至るまでのCO_2排出量は15・9t-CO_2/年となりました（表3）。一方で、薪ボイラー導入前の石油ボイラーによるCO_2排出量は、石油を施設まで運搬するまでの排出量を含めて151・0t-CO_2/年もあり、両者を差し引くと、約135t-CO_2/年もの量が削減できたことが解りました。これは、薪ボイラーに交換するだけで、CO_2排出量を約90％削減できたということになります。

よって、薪ボイラー1基に換算するとCO_2削減量は45t-CO_2/年に相当することから、仁淀川流域内の温浴施設すべてに薪ボイラーが導入された場合（31基分に相当）、脱CO_2効果は約1400t-CO_2/年となり、それは日本人600人が排出するCO_2量に相当しました。このほかに、家庭用で使われている薪ストーブ、薪風呂等による効果を含めると、CO_2排出削減量はさらに大きくなります。

経済効果―薪利用による地域に回るお金の増加

脱CO_2による環境効果もさることながら、地域の人々にとっては、身近な生活に効果があるかどうかも大きな関心事です。先に述べたように、中山間地域がエネルギー代として支払う

表4　薪ボイラーシステムにおける地域内外への支払い

項目	原料生産		薪加工		薪利用	合計
	収集・搬出	運搬	製造	運搬		
支出（万円）	2.7	42.6	11.1	42.6	371.3	470
収入（万円）	17.9	83.6	62.4	134.6	72	371
地域に回る金（万円）	15.2	41	51.3	92	-299.3	-99

単位は、万円／年。各項目の算出条件は表2のとおりです。

表5　1つの温浴施設に薪ボイラーが導入された場合の地域活性効果

効果	項目	従来（石油ボイラー）	現在（薪システム）	活性化貢献
経済効果	流出額（万円／年）	620	470	413
	滞留額（万円／年）	108	371	
定住効果	雇用数（人／年）	0.5	3	2.5

各項目の算出条件は表2のとおりです。正確な経済効果の算出は非常に困難かつ複雑であるため、ここでは文中に示した最小限の要素を用いて計算してあります。

燃油代に至っては海外へと流失しています。燃料調達のための対外支払いをなくし、地域内に薪の対価を支払うことはどのような効果を生むのでしょうか。その経済効果を計算してみました（表4、表5）。

薪ボイラーシステムにおける地域内外への支払額をまとめてみました（表4）。ここで、支出とは各作業に必要な燃油・電気代、機械類の償却費で地域外へと払われていく金額、収入とは地域で働く作業者の賃金で示してあります。そして、地域に回るお金（滞留額）は、それぞれ収入から支出を差し引いた金額となります。

薪ボイラーシステムを導入した場合、多くの人件費が発生しますが、これらは作業従事者（地域住民）の賃金として地域内に支払われるので、地域外へ支払われた諸経費を差し引いても、薪の原料調達から加工に至るまでには、多くの金額が地域に落ちていきます。一方で、薪の燃焼（利用）にあたっては、ボイラーの償却費等が地域外へ支払われていきます（371万円／年）ので、この部分は持ち出し（流出）金額がかさむことになります。これらを合計すると、温浴施設での薪ボイラーシステムの運用でも、やはり経済の流失（99万円／年）となります。

しかし、従来の石油ボイラーのシステムと比較すると、その経済効果は大きいと言えます（表5）。石油ボイラーの場合、燃油に対する支払額（流出額）の割合が高く、620万円／年となりますが、人件費（雇用）が少ないために地域に残るお金（滞留額）はわずか108万円／年にしかなりません。一方で、薪システムでは人件費が多く発生するので滞留額が増大し、差し引きすると、温浴施設1つだけで、413万円／年の経済効果が発生し、2・5人／年の雇用が増加しました。

資源持続性―温浴施設運用に必要な森林資源

さて、この規模の温浴施設を運用するために、原料となる森林資源は、どれほど必要なのでしょうか。

薪の原料となるのは、主に林地残材と言われる、伐採時に不要なものとして切り落とされた端材や梢枝部分や、建築材として利用できない低質樹木等です。仁淀川町の場合、人工林率が高く、手入れ不足（要間伐）林分も多いことから、原料は主として人工林から供給が可能ということになります。この施設で使われる薪の量は、スギ換算で210t（生重）／年となり、これは材積にすると約250㎥になります。スギの成長量は、年間およそ6㎥／haあるので、今の林分蓄積量（資源量）を減らさないように樹木を伐採し、なおかつ有用なものは建築材として利用した場合、燃料用に使える資源（いわゆる木質バイオマス）を生産（供給）するためには、200haの森林が必要なことになります。つまり、200haの森林があれば、温浴施設維持のために、持続的なエネルギー資源を確保できるのです。

森林を活用した次のエネルギー創出

さて、森林が持つ多面的機能の中で重要なものには、水源かん養機能があります。適切に管理・整備された森林は、この機能が高く、一定した流量で谷に水を供給します。自然エネルギーの中で注目されているものの１つに水力発電があります。かつては、中山間地域においても、水はエネルギー源として水車等に使われ、戦前には小水力発電があちこちで行われていました。

自然環境への影響負荷が少ない小規模な水力発電（出力数１００kW程度まで）について、現存の堰堤・頭首口や過去の発電施設等を踏査したところ、仁淀川町にも多くの設置可能箇所があることが解りました。その中の１つにマサキ谷川（流域面積２４０ha）があり、ここは過去に発電堰堤のあった場所で、１９０kWの小水力発電が可能であることが解りました。これは３９０世帯分の電力消費量、価格にして約２８００万円／年に相当し、集落単位で見れば、電気を集落外に供給（売電）する能力があります。また、CO_2削減効果は、６３７t－CO_2／年（全国発電比）もあることが解りました。小水力発電施設は、技術的にも地域での運用が可能なレベルであり、運用益を森林や文化財等、地域内の共有資源の維持・管理に再投資することが地域の自立に繋がると認識されています。既に、隣接する高知市土佐山では、このような方式での自治会主体による発電施設が稼働を始め、仁淀川地域でも検討が進んでいます。

地域の活性化―地域エネルギーによる循環型社会の構築―

仁淀川流域で稼働が始まった、この温浴施設を中心とした薪利活用システムの成功を受けて、隣接地域の温浴施設でもこの方式が導入され、各地に拡大しつつあります。２００haの森林、つまり農山村の集落の背後にある広大な森林のほんの一部が、老人ホームや公共風呂等の大型の温浴施設を動かす木質バイオマス（薪）と３９０世帯分の電気を生む水を供給できるのです。また、それが地域からの対外支払い（経済流出）を防ぎ、雇用を産み、脱温暖化に貢献する事になります（図２）。

仁淀川町（面積：３３２㎢、森林面積率：90％、人口：６９００人）において、薪システムと小水力発電が導入できる集落・地区からエネルギー生産量を推定すると、エネルギーベースで供給量は３億７０６５万１２００MJ／年（石油換算約1万kL）となり、その内訳は木質から40％、水力から60％であることが解りました。つまり、このエネルギーで２万２０００人の

図２　200haの森林が生み出すエネルギー、環境、雇用、経済の効果

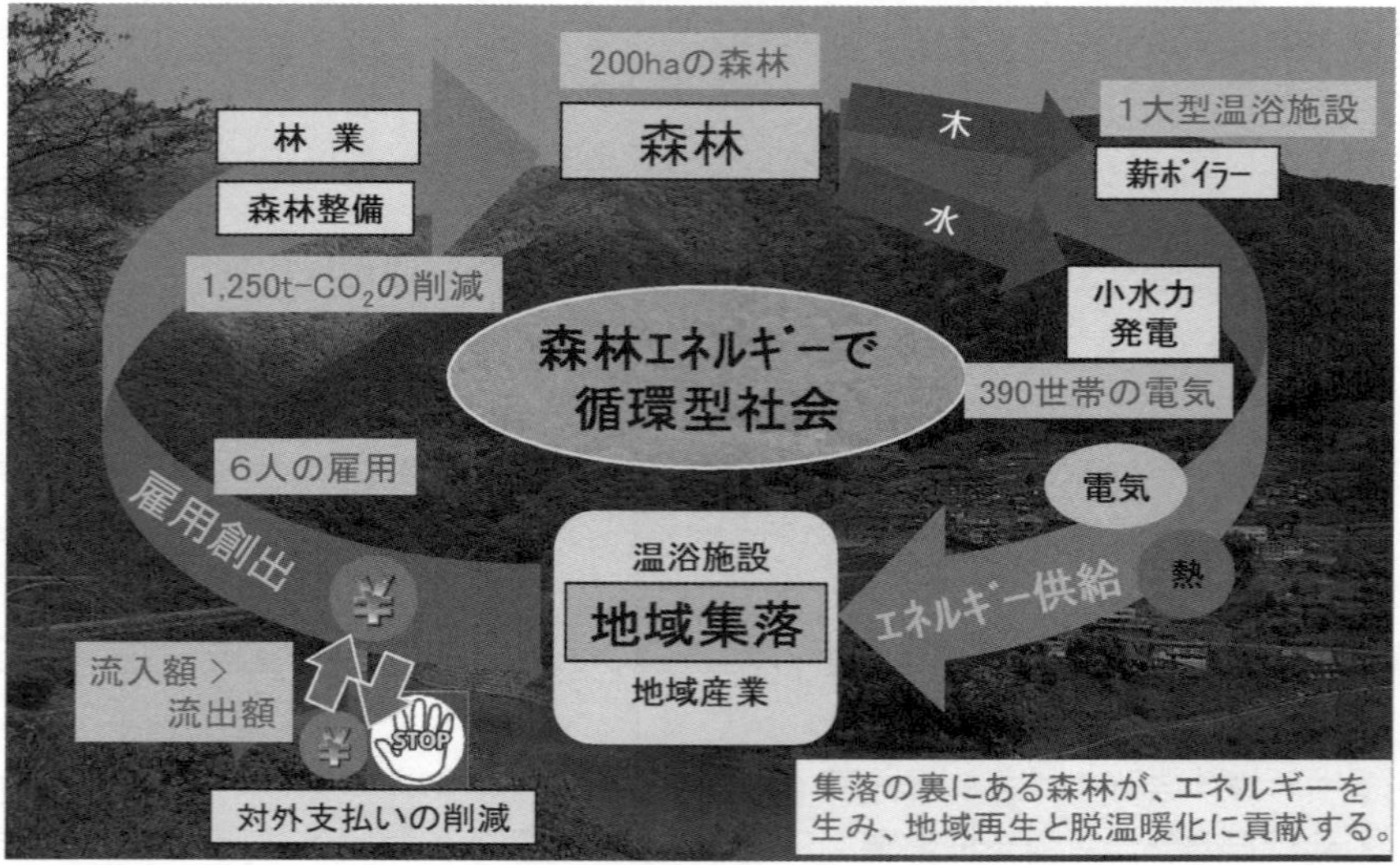

生活を維持することができ、現在の3倍以上の人口を許容するだけのエネルギーを生産できる森林資源を有することが解りました。

地域分散型・地域運営型の小回りのきくエネルギー生産・利用は、脱温暖化という環境効果は当然として、日本で大きな課題となっている地域社会の活性化に効果的である事が解りました。このように、地域にある森林を見直し、地域内でその生産から利用までを繋いでいくことは、単にエネルギーをつくることだけでなく、環境・経済・資源の継続性を担保した、自立性の高い生活様式であると考えられます。

なお、本研究成果は、国立研究開発法人科学技術振興機構社会技術研究開発センター（JST-RISTEX）研究開発領域「地域に根ざした脱温暖化・環境共生社会」における研究開発プロジェクト「Ｂスタイル：地域資源で循環型生活をする定住社会づくり」（２０１０～２０１４）の成果の一部です。調査および取りまとめは、プロジェクト（ＰＪ）の研究担当者（ＢスタイルＰＪ研究グループ）が行いました。また、プロジェクト全体はＮＰＯ法人土佐の森救援隊、によど自然素材等活用研究会との協働体制により、市町村、県、関係団体等の協力を得ながら遂行しました。

参考文献

北原文章・中山琢夫・田内裕之・井上光夫・垂水亜紀（２０１２）中山間地域におけるマイクロ水力発電ポテンシャルの推定―高知県吾川郡仁淀川町池川地区における試算―．森林応用研究21（２）：39―41．

鈴木保志・村上晋平・後藤純一・中嶋健造・北原文章・垂水亜紀・中山琢夫・田内裕之（２０１３）仁淀川町木質バイオマス利活用事業における材出荷実態と出荷者の実収支の分析．森林利用学会誌28（１）：41―50．

北原文章・吉田貴紘・田内裕之・垂水亜紀（２０１４）低次加工木質バイオマスの天然乾燥速度の推定．日本エネルギー学会誌93（10）：１０１０―１０１４．

鈴木保志・高村香菜子・渡辺靖崇・森大記・吉田貴紘・北原文章・中山琢夫・後藤純一（２０１４）小規模分散型木質バイオマス燃料としての薪の生産供給システムと経費の検討．森林利用学会誌29（３）：１５７―１６３．

鈴木 保志（２０１４）小規模分散型木質バイオマス燃料の効率的な生産供給システムの構築．機械化林業731：1―10．林業機械化協会．

田内裕之・北原文章・鈴木保志・吉田貴紘・中山琢夫・垂水亜紀（２０１５）「Ｂスタイル」地域資源で循環型生活をする定住社会づくり．リサーチパンフレット．26 pp．森林総合研究所四国支所．

吉田貴紘（２０１５）「木質バイオマスエネルギーで地方創生」．季刊森林総研31：４―５．森林総合研究所．

田内裕之・鈴木保志・北原文章（２０１６）林業改良普及双書№１８１「林地残材を集めるしくみ」，全国林業改良普及協会．

木質ペレットバーナーの開発とハウス園芸への導入

株式会社相愛　木質バイオマス事業課長（高知市）
三木　聡

ハウス園芸の暖房用に木質バイオマスを活用したい

「A重油の価格がどんどん上がっているが何とかならないか」

2006（平成18）年2月、ある農家からのこんな一言が木質バイオマスに取り組むきっかけとなりました。

私たちの暮らす高知県では、古くから年間の日照時間が長く温暖な気候を活かして、冬場に園芸ハウス内を重油ボイラーで暖房し野菜や花卉を栽培する促成栽培が盛んです。こうしたいわゆる施設園芸は高知県が発祥とも言われています。当時、石油備蓄基地のタンク1基分に相

表1　施設園芸（主要産品）と暖房用A重油使用量

作物名	作型	作付面積	加湿温度	燃料使用量	
				10aあたり	県全体
		(ha)	(℃)	(L)	(kL)
キュウリ	促成・半促成	94	12～13	6,703	6,267
ピーマン	促成	83	13	14,869	12,341
シシトウ	促成	55	20	18,338	10,086
ナス	促成	363	12～13	6,066	22,020
トマト	促成	47	10	3,921	1,843
インゲン	促成	35	12～13	10,084	3,529
ハウスしょうが		32	17	13,200	4,224
みょうが		115	19	16,585	19,073
スイカ	抑制・促成	33	17～18	14,035	4,561
メロン	3回作	104	20	18,338	19,072
ハウスミカン		56	18～24	16,585	9,288
合計		1,016			

作付面積は2004（平成16）年度作物統計調査から引用（延べ面積のものは按分して実面積に換算）燃料使用量は南国市後免の気温データをもとにGMMSを用いて試算
資料：高知県農業技術センター

図１　原油*価格の動向

*原油：Crude Oil,West Texsas Intermediate 40 API,Midland Texas,US$ per barrel
注）WTI（テキサス産軽質ゆWest Texas Intermediate）。ニューヨーク・マーカンタイル取引所スポット価格。月平均。
資料：IMF Primary Commodity Prices

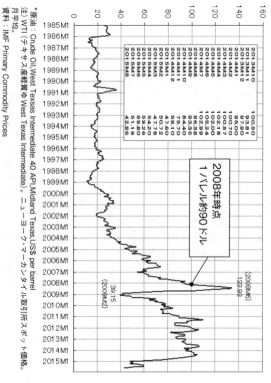

当する約11・2万kℓ／年ものA重油を県下の施設園芸（主要産品）の暖房用として使用していました（表1）。

また、県土の84％を森林が占める全国一の森林県でもあります。２０１０（平成22）年時点での林業経営体数は４０９１経営体（農林業センサス累年統計-林業編-）と全国第11位と比較的林業の盛んな地域です。

しかしながら、１９９０年代まで隆盛を極めた高知県経済の屋台骨ともいえる農林業が高齢化や海外産品の流入など様々な事由により苦境に立たされている、そんな時期でした。

何とか地域を元気にできる良い方法はないものか。当時、弊社の会長が導き出した1つの答えは、地元の山林をエネルギーとして活用できないかというものでした。「枯れない油田でエネルギーの地産地消を」これを事業課の理念として掲げ、我々の取り組みはスタートしました。

農業用暖房機の木質ペレットバーナーを開発

まず我々は、農業用暖房機のバーナー部分のみに着目し、既設の温風発生器（熱交換器）をそのまま活用できる木質チップバーナーの開発に着手しました。同時に、芸西村《げいせいむら》の農家の協力と日本森林技術協会の補助を受けて、自社で木材の伐採集材から加工（チップ化）、チップバーナー試験機による園芸ハウスの暖房、栽培品（トルコギキョウ）の出荷までを実施することで木質バイオマスによる小さなエネルギーの地産地消の実証を行いました。元来が建設コンサルタントを生業とする我々にとって初めて経験することの連続で、特に開発に関しては苦心しました。

　農業用の暖房機は、園芸ハウス内に設置するため小型でなくてはなりませんし、県下で使用されているものの多くは10万ｋｃａｌ以上の出力を有しているためそれに近づける必要がありました。しかしながら、木質チップで高出力を出すには小型化が困難な上、試験機（６万ｋｃａｌ相当）では着火の安定性と燃料送給の面で問題がありました。そこで、我々は木質チップに比べ高価になるものの、単位体積当りの保有熱量が高く形状・性質が安定しているため送給面でのリスクの低い木質ペレットに切り替える決断をしました。

　２００７（平成19）年、木質ペレットバーナーを試作し実証試験を開始しました。小型かつシンプルな設計にこだわったものでしたが、燃焼安定性の良さと送給面でのトラブルがほぼない点と燃料の貯蔵と配送の面でも大きなメリットが感じられました。実際に適用試験の際にご協力くださった芸西村のピーマン農家からも高評価をいただき、翌年6月より「木質ペレット

写真１　開発した木質ペレットヒーティングバーナーと専用熱交換器

ヒーティングバーナー 木燃」の販売を開始することとなりました。（写真1）

木質ペレット暖房機5つのポイント

前述のとおり、施設園芸の暖房機はA重油を燃料とするものが多いため、使い慣れた重油ボイラーから木質ペレット暖房機に変える際はその違いを十分にお客様へ説明しなければなりません。木質ペレットとA重油はそもそもの性質が違いますので、その違いが機器にも使い方にも反映されます。その大きなポイントの5点をご紹介します。

まず1点目は、燃料送給の部分です。液

図２　システム構成図（温風式の場合）

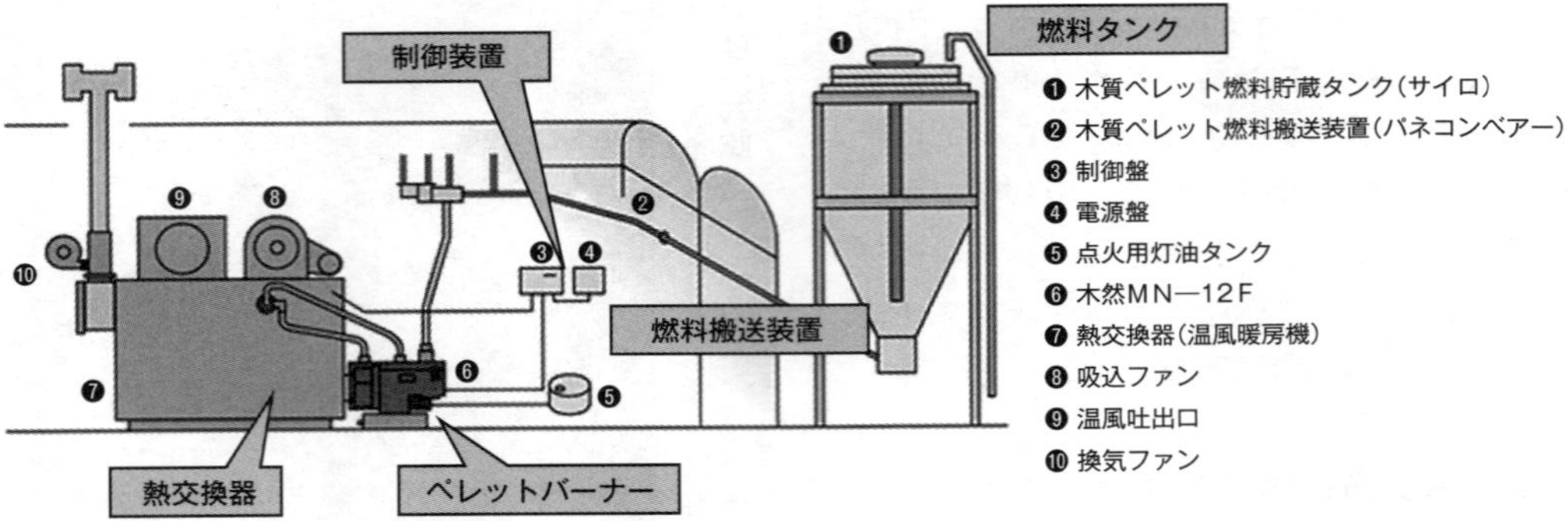

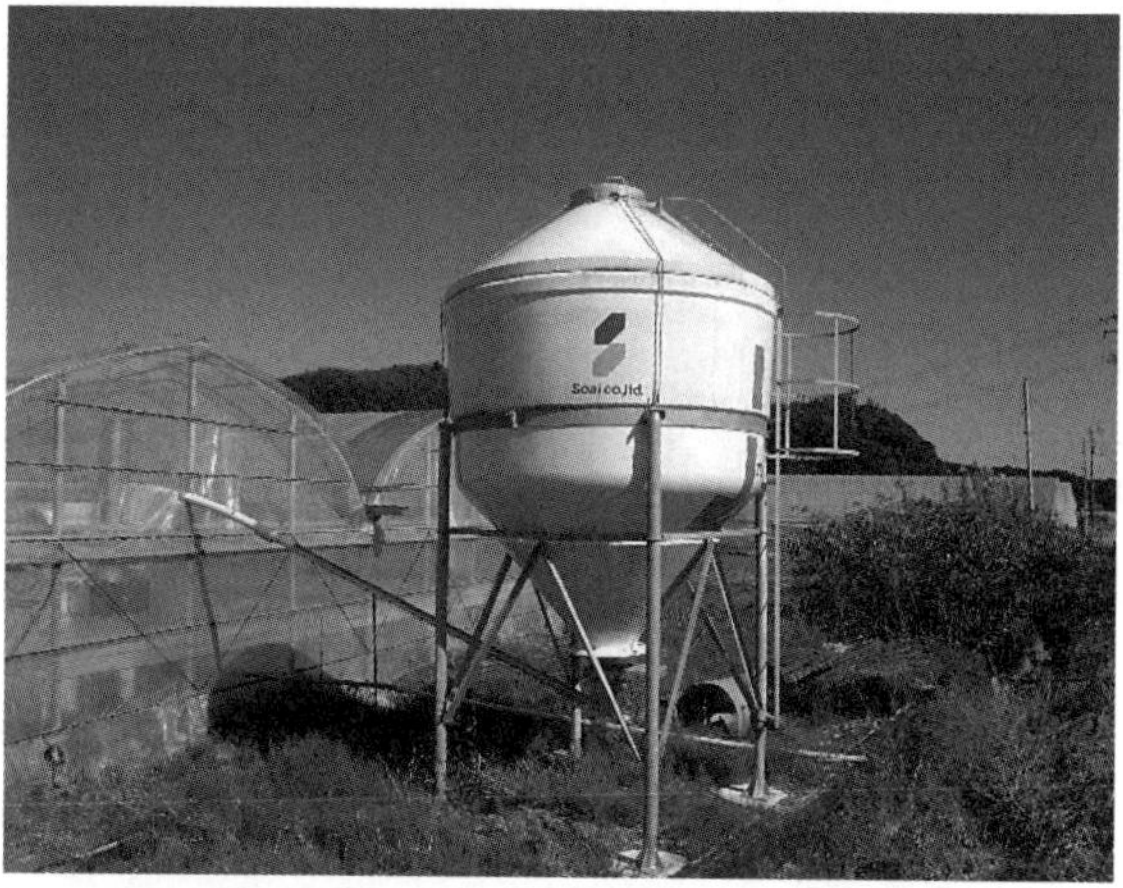

写真２　木質ペレット貯蔵タンク設置状況

体燃料であるA重油の場合は、燃料送給の配管の長さが限定されないのに加えて地中に配管することも可能です。対して固形燃料である木質ペレットの場合は、形状が安定しているといっても〝詰まり〟のリスクはゼロでないため送給距離が限定されます（1セットで最大15ｍ程度）し、地中に配管することができません。そのため燃料タンクや暖房機の設置位置も限定されてきます（写真2、3）。

次に2点目は、燃焼灰が発生することと、その掃除が必要であることです。重油ボイラーの場合は、燃料に含まれる硫黄分が缶体（熱交換器）内に溜まるものの年1～2回程度の掃除でその機能を十分に果たすことができます。対して木質ペレット暖房機は、発生する燃焼灰の清

写真３　貯蔵タンク末端からハウス内に伸びる燃料搬送装置

掃をしなければなりません。当社が取り扱う木質ペレットの灰分は燃やした量に対して、ホワイト（木部）ペレットで０・３〜０・６％程度、全木（樹皮混合）ペレットで０・５〜１・２％程度発生するため、不着火や暖房効率の低下を防ぐためにもペレットの種類や使用量、機器の箇所にもよりますが１〜３日に１回から月に１回程度清掃する必要があります。

３点目は、着火性です。A重油は着火後すぐに１００％の出力で燃焼しますが、木質ペレットは灯油バーナーで着火する場合、燃焼が安定するまで５〜10分程度かかります。そのため、その間にハウス内の温度が下がってしまう場合があります（ダウンシュート）。

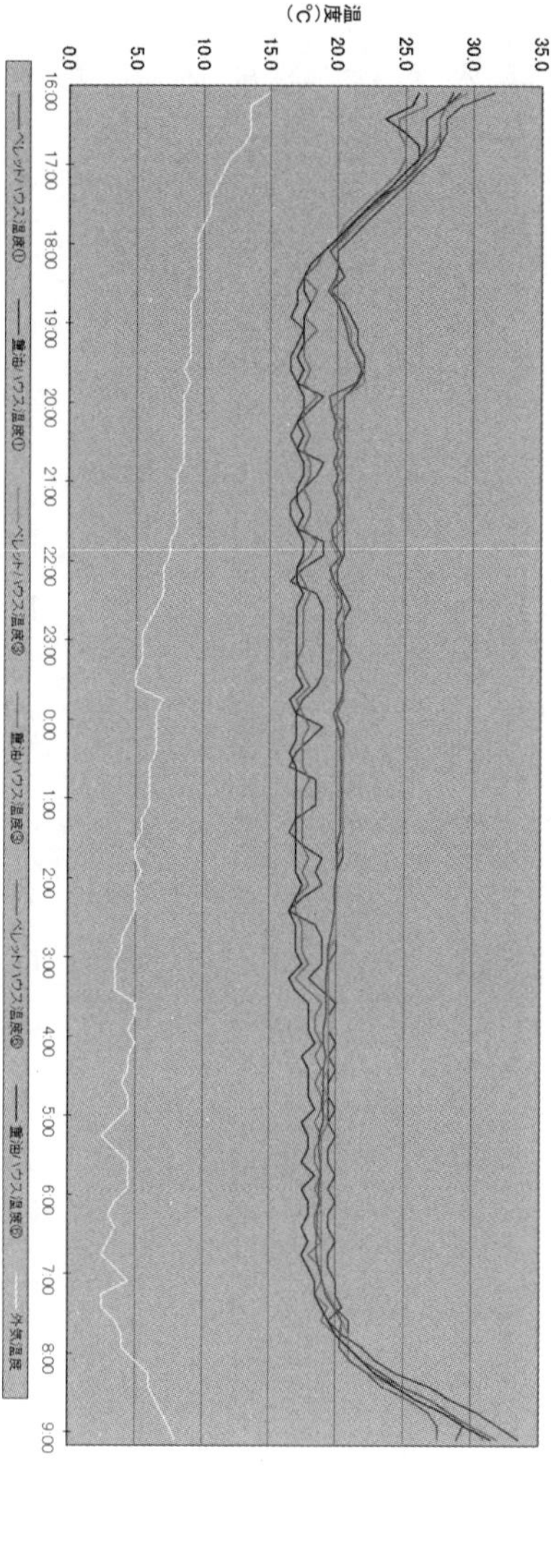

図3　ペレットハウスと重油ハウスの温度変化図

以上の3点はデメリットになりましたが大きなメリットもあります。

4点目は、火持ちの良さです。重油ボイラーは園芸ハウス内が設定温度に達すると100から0へとすぐに消火しますが、木質ペレットの場合は水をかけて消火するわけではありませんので熾火が残ります。この熾火が余熱となってハウス内に送られることで、高効率な運転が可能であると同時にハウス内の急な温度変化が起こらないため、栽培する作物に余分なストレスを与えません（図3）。

最後の5点目は、重油ボイラーに比べて長寿命であるという点です。A重油はその特性上硫黄が発生するためこれによる缶体の腐食がありますが、木質ペレットの燃焼ガスにはほぼSOxは含まれないため腐食が起こりにくく、長寿命化が図れます。

また、産出国の経済情勢や為替や株価の影響をもろに受けて価格の変動が大きいA重油に比べて木質ペレットは価格が安定しているため、利用する農家にとって暖房シーズン中の燃料経費の計算が立てやすいといったメリットも魅力の1つだと考えます。

目的意識をお客様と共有しながら木質ペレットを普及

販売を開始した当初、我々はまず県内の全農とJAを回りました。目的は2つ。1つは木燃の紹介。そしてもう1つはA重油に代わって木質ペレットの流通を担ってもらえないかという提案でした。当時は木質ペレットの話をしてもほとんどの方に理解して頂けず、オガライトをイメージされる方も多かったことを記憶しています。また、ペレット工場が県内で2工場しかなく木質ペレットについて認知されている方も価格面・安定供給面での不安を感じていました。とにかく「木質ペレットとは、木質ペレット暖房機とは」を理解していただく事に苦心しましたし、相手方の不安を取り除くことは根気のいる作業でした。こうした背景と今後の導入が不透明であることを理由に全農やJAから難色を示されたことで、木質ペレットの仕入・配送は今後自社で実施することとしました。幸か不幸か、ハードとソフトの両方を自社で提供することが後々強みになっていきました（現在では、ペレットを供給されているJAもおられます）。

導入に関しては、実証試験のときから当社の考えに賛同し、木質ペレットを活用して環境配慮型農業を実践することを旨として設立をお手伝いした「農事組合法人高知バイオマスファー

図４　事業の目指すところ

課題は『循環』
⇒林から農へ、農から林へエネルギーの地産地消の実現

ム」とのご縁で、環境省の自主参加型国内排出量取引制度（JVETS第4期）を活用し、初年度から7台導入することができました。このご縁が非常に大きなものとなりました。

また2009（平成21）年以降は導入に際して国の補助事業（環境省「地域グリーンニューディール基金」、林野庁「森林整備加速化・林業再生事業」）を活用して、前述の農事組合法人様を中心に県内各地に波及していきました。

営業の際には農家様のハウスを直接回りながらお話しさせていただきましたが、その際に特に気をつけたことが3点あります。

まず1点目は目的意識の共有です。海外からのエネルギーに頼るのではなく、木質ペレットを使って近い将来「エネルギーの地産地消」を一緒に目指しましょう、農業・林業を一緒に盛り上げましょうという目的意識をお客様と共有しました。2点目は、コスト面のメリットだけでなく、燃料搬送のリスクや燃焼灰の掃除などデメリットもあることは必ず説明しました。3点目は燃料の安定供給については一切の責任を自社が負うので心配いらないということを約束しました。（図4）

県内のペレット工場と協力して良質な木質ペレットを供給

「鶏が先か、卵が先か」。この事業を始めてから木質ペレットの製造側と利用側のことをよくこの話で例えることがあります。エネルギーの地産地消を目指す当社としては、まず当社の製品の利用者（農家）、つまり川下の整備が不可欠と考えました。

前述のとおり、2008（平成20）年時点で高知県内には2つのペレット工場しかなかったため利用側にとっては価格面と安定供給の面で不安がありました。当然、製造側も安定した利用先がなく製造効率を上げられないためその分コストに跳ね返ってくる状況でした。当社が描いたプランは、利用側の問題を解決するために短期・中期的に県外から木質ペレットを仕入れてお客様に納品しながら川上の整備を待ち、長期的には全てを県内（地域）産由来のものに変えるというものでした。一口にエネルギーの地産地消といっても実現するには根気のいる作業だと理解していましたので、地域外の木質ペレットを使うことに全く抵抗がなかったといえばうそになりますが、長期的に見たときに初期の段階でそれを決断することはそれ程難しいことではありませんでした。

当社の想いをくんで力を貸してくれたのが岡山の銘建工業㈱でした。取扱量の多くが地域産ペレットになった今でも銘建工業㈱とは継続して取引をさせていただいています。安定供給の面でリスク分散を考えた時に外すことはできません。

県内での供給先が60件（暖房機は80件）を超えた２０１０（平成22）年には、新たに２つの事業所が木質ペレットの製造を開始しました。1つは製材端材とプレーナー屑を利用した工場、もう1つは間伐材から破砕工程を経てペレットを製造する工場で両社とも稼働当初から現在まで良好な相互関係を築いています。ご承知の方も多いかと思いますが、ペレット工場ができたからといってたちまち満足な製品ができるかといえば当然そうではありません。原料の種類や含水率、ペレタイザーとのマッチングによって長さや嵩《かさ》密度が変わるため良質で安定的に製造するためにはノウハウが必要になってきます。前者は長さについて、後者は残さ率について、時に我々の厳しい注文にも真摯に応えていただきました。川上と川下で課題こそ違いましたが、そこには確かに当社と同じくエネルギーの地産地消を実現したいという想いがあったように思います。（写真４）

写真４　新たに製造を開始した事業所の木質ペレット

ペレットの通年利用先の市場開拓が課題

　事業開始から約10年、環境や情勢が刻々と変化する中で変わらない課題もあります。私個人の視点からは、特に機器導入のコストダウンと木質ペレットの通年利用先の確保、農産品の価値付けの３つが挙げられます。

　木質ペレット暖房機の導入に際しては、政策支援のお陰で最低でも１／３以上の補助が受けられましたが今後については不透明な部分があります。市場も大きくなり機器の開発や低廉化は進んでいますが、ここまでの広がりは補助事業なしにはあり得なかったと思います。受注生産の状況での低廉化は限界にきている感がありますので、受注の拡大（市場開拓）と併せて行政へのアプローチが継続して必要です。

また、木質ペレットの利用が10月から4月までの間に集中しすぎているのも解決すべきポイントです。暖房を使う時期は当然冬場になりますので全体のボリュームとして多くなるのは必然ですが、工場の安定生産やストックヤードの確保のことを考えると通年利用先をさらに拡充する必要があります。木質ペレット専焼機については小規模利用がほとんどですが、規模を見定めてターゲッティングすることで給湯器や乾燥機、食品加工場等の熱源として通年での利用先はまだまだ確保できるように思いますし、さらに市場を開拓していかねばなりません。

さらに、より施設園芸の分野で木質バイオマス利用を拡大しようと考える時、農家の経費削減だけでなく利益向上も考える必要があります。例えば[*1]Ｊ‐クレジット制度や[*2]ＣＦＰ（カーボンフットプリント）の活用も収益に貢献できるものと考えます。ＴＰＰによる不安もある中で、木質ペレットを使ってできた野菜に付加価値がつくこと、極端な言い方をすれば薄利多売から価値のあるものが売れる仕組みができれば利用はさらに拡大するはずです。そのためには、ＪＡや卸売業から小売業界までひっくるめた仕組みづくりが必要ですし、消費者がその価値を理解できる世の中にならなければいけませんので、ハードルは高いですが実現していかなければなりません。

＊1：J－クレジット制度は、中小企業等の省エネ設備の導入や森林管理等による温室効果ガスの排出削減・吸収量をクレジットとして認証する制度であり、2013（平成25）年度より国内クレジット制度とJ－VER制度を1本化し、経済産業省・環境省・農林水産省が運営。
本制度により、中小企業・自治体等の省エネ・低炭素投資等を促進し、クレジットの活用による国内での資金循環を促すことで環境と経済の両立を目指す。
＊2：CFP（カーボンフットプリント）とは、Carbon Footprint of Productsの略称で、商品やサービスの原材料調達から廃棄・リサイクルに至るまでのライフサイクル全体を通して排出される温室効果ガスの排出量をCO_2に換算して、商品やサービスに分かりやすく表示する仕組み。

エネルギーの地産地消を実現するために

2015（平成27）年、高知県には新たに木質バイオマス発電所を併設した年間計画生産量5000tのペレット工場が稼働を始めました。（写真5）

すでに年間8000tの木質ペレットが消費される本県にとって重要な意味をもつ工場ですが、それ故にペレットの流通の面で競争が生まれることは明白です。

しかし、単純な廉価競争を良しとするのではなく、いかに山側にお金を回すかと現状ある地域内のペレット工場が共存できる仕組みづくりをしていかなければなりません。また、発電（県

写真５　グリーン・エネルギー研究所。右側が発電棟、左側がペレット製造棟

内では前出の工場と併せて２つのバイオマス発電所が稼働）の部分に木材が流れやすい現状もありますが、マテリアル利用を念頭に置きながら、材として利用できないものや端材を熱利用に持ってくるために素材生産量（木材自給率）の底上げと材の買い取り価格と熱利用での買い取り価格の差額を補填できるよう行政に対してアプローチし続けなければなりません。いくつか課題はありますが、この部分が解決できればエネルギーの地産地消への道は大きく開けることと思います。

人間には切っても切れないエネルギーを自分たちの手で、自分たちの暮らす地域で賄う。地域によってやり方は様々かと思いますが、地域性をきちんと把握し情熱を持って取り組むことがエネルギーの地産地消を実現するための近道だと確信しています。

資料編

木質バイオマスによる再生可能エネルギー活用と計画策定

出典：農林水産省ホームページ「再生可能エネルギーを活用した地域活性化の手引き」を加工して作成

(1)計画策定〜森林資源と地域のつながりの再生

地域ビジョンと事業計画

木質バイオマス発電や地域熱供給をはじめ、再生可能エネルギーによる地域活性化を実現している自治体には、具体的な事業計画策定等の実現プロセス以前に比較的長期にわたる地域ビジョン策定等の準備プロセスが見受けられます。

準備プロセスとは、地域の現状を調査、確認し、課題を認識、地域活性化の方向性を議論して共有する過程です。自治体の地域ビジョン立案等として行われる場合もありますし、民間の事業者や市民の集まりがきっかけになって、最終的に自治体の計画に取り入れられる例もあります。

事業計画は動機と合意の形成から

すべての事業には計画があります。例えば、「木質バイオマス発電を利用して収益を上げよう」と考えたとき、どこで発電するのか、誰がお金を出し運営するのか、誰の利益になるのか、といったことから考え、計画を作る必要があります。地域活性化を目的として事業を起こす場合、その事業が地域にもたらす「効果」を想定しながら計画を立てることが必要です。

特に森林資源を利用した木質バイオマス発電や熱利用を考える際には、導入の目的や動機を明確化する必要があります。基本的には、

①地域活性化

②エネルギー代替によるコスト削減、地球温暖化防止対策（CO_2削減）

③森林・林業への認識や関わりを深める

などの複合的な目的が考えられます。

このうち③については、「木材は重油代替の燃料として事業性がある」「燃料を代替すると経費節減・利益になる」という「気づき」をもとにした動機（やる気）と関係者の合意形成が必要です。

事業計画のプロセス

事業計画とは具体的には、

・関係主体調整、実施体制づくり
・事業採算性と責任分担、利益配分
・事業化に向けたソフト、ハードの構築
・木質資源の場合の供給体制確立

といったことを決めていきます。事業計画・実現プロセスについては、様々なマニュアルや「導入の手引き」が公表されており、国や都道府県の相談窓口や支援事業等が行われています。

資料（いずれもホームページ）「なっとく！ 再生可能エネルギー（経済産業省）」、「再生可能エネルギーの導入の促進（農林水産省）」、「地域での総合的な環境保全の一貫として再エネ導入を推進、各種支援事業（環境省総合政策局）」、「再生可能エネルギー・省エネルギー（技術開発・導入促進）にかかる調査研究、支援事業（環境省地球環境局）」、「再生可能エネルギー（環境省）」、「地域の元気創造プラットホーム―分散型エネルギーインフラプロジェクト（総務省）」、「電気事業制度について（経済産業省資源エネルギー庁）」、「グリーン電力証書活用ガイド（環境省）」

農山漁村再生可能エネルギー法の活用

平成25年度に「農林漁業の健全な発展と調和のとれた再生可能エネルギー電気の発電の促進に関する法律」が成立、平成26年5月に施行、国の基本方針が示されました。この法律では、市町村が必要に応じて、発電事業者、農林漁業者等による協議会を設置し、基本計画を策定、発電事業者による設備整備計画が協議会の認定を受ければ、森林法等の特例措置を受けられるというものです。法律の目的は、農山漁村の活性化と再生可能エネルギー供給源の多様化であり、合意形成や地域活性化の上で、この法律に基づいた協議会形成がひとつのきっかけとなり得ます。

再生可能エネルギーと農林漁業発展の組み合わせは多様であり、事例として掲げた高知県梼原町のように、風力発電の収益を林業振興や木質バイオマス熱利用に活用するといったこともあります。

地域ビジョン〜準備プロセス

準備プロセスとは、地域ビジョンをつくる過程です。

地域ビジョン策定のテーマとしては、森林・林業のあり方、地域のエネルギー問題、少子高齢化・人口減少の中での地域の生き残り、まちづくり・暮らし・産業づくりなどが主なものです。具体的には、総合計画やバイオマスタウン構想などの検討、地域資源調査（「地元学」等の手法）、ワークショップ、「寄り合い」といった手法があります。

すでにこういった取り組みを行ってきた地域では、再生可能エネルギー事業などの事業計画

図1　森林資源利用と地域活性化のプロセス

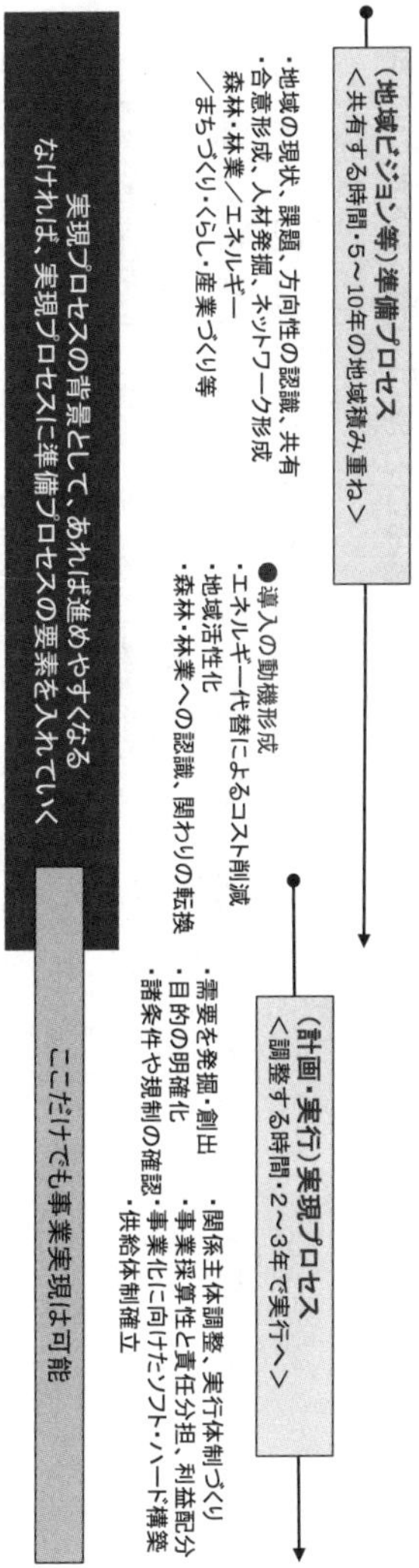

に取り組みやすいでしょう。

準備プロセスは、時間がかかり、支援事業等も少ないですが、将来ビジョンを明確化し、地域づくりを円滑・効果的に進めるための重要なプロセスです。

準備プロセスは、主に3つの役割を果たしています。

・地域活性化の方向性をつくり共有する（動機形成）
・人が集まり、キーマンが育つ（人材発掘）
・地域内外のネットワークを形成する

この3つの要素が揃っていると、個別的、具体的な事業計画を策定する際に、各主体の役割分担や実施主体の形成、合意形成が容易になります。

試行による準備プロセスの代替

準備プロセスを持たない、あるいは、その役割が弱い場合、「試行」や「視察」による3つの役割（動機、人材、ネットワーク）の代替を検討します。木質バイオマス利用の場合、特に「木が燃料として事業性がある（重油代替として経済的にも有効）」という気づき（実感、認識）

を関係主体が共有することが非常に重要です。

可能であれば、試行的に薪ボイラーをレンタルするなどして足湯程度のお湯を沸かすイベントを開催し、薪を収集、燃料として利用してみます。それにより、今日的な意味で「木が燃料になる」認識を持つことができます。事業化の際にもっとも難しいのが、この基本的な認識による合意形成です。供給側が「燃料として生産する」自覚と、利用側が「少し手間はかかるけれど、経済的、社会的価値は高い」という自覚を持つことができれば、事業化のプロセスは比較的容易になります。

具体的な試行が難しい場合や木質以外の再生可能エネルギーの場合、関係主体が一緒に先進地に視察に行き、そこで見たことを、その場で共有するといった方法もあります。

目的共有と人材発掘による地域活性化

木質バイオマス活用の先進地とされる岡山県真庭市と北海道下川町は、自治体の規模、合併の有無などの違いはありますが、いずれも、自治体と民間の協働による長期的な目的の共有とデザイン、人材発掘、試行と実践を繰り返しながら今日を迎えています。

岡山県真庭市では、合併前の平成5年から、地域の若手経営者を中心に「21世紀の真庭塾」という勉強会を結成し、「2010年、真庭人の1日」の形で目指す地域の仕事と暮らしを描き、そこに至る取り組みをデザインしました。ここでできた人のネットワークと方向性の共有が、その後の真庭市の取り組みにつながります。1998（平成10）年には、「まちづくり部会」「ゼロエミッション部会」を設立し、ゼロエミッション部会では、木質副産物活用の取り組みをスタート、2000（平成12）年に「木質資源活用産業クラスター構想」として、バイオマス発電等が視野に入りました。2006（平成18）年に市が「バイオマスタウン構想」を策定、実証事業、バイオマス集積基地等の取り組みがあり、平成23年度からの発電事業に向けた協議会形成と事業化計画になりました。

北海道下川町では、森林組合がゼロエミッションの木材産業を行っており、平成10年に町が発案し「産業クラスター研究会」を立ち上げて、地域循環型の産業の展開と創出に向けた、「環境、社会、産業」のグランドデザインづくりに取り組みました。同時に、コアとなる人材の発掘とネットワークを形成。20年後の長期ビジョンを描き、そこに至る5年後、10年後の目標と、具体的なプロジェクトを検討。これがきっかけとなり、2002

（平成14）年には公社に産業クラスター推進部をつくって、各プロジェクトを実現化していきました。主な取り組みとして、木質バイオマスエネルギー利用、地域材活用住宅、FSC森林認証、トドマツ精油商品化、森林療法や環境教育、J—VER等のオフセット・クレジット化と外部企業等との連携です。町が基盤を作り、民間事業が運営し、町づくりに利益が還元する方策で事業創出をすすめています。

(2) 実施体制の構築

関係主体の範囲

計画策定とともに重要なのが、関係主体の合意形成です。関係主体には、様々な属性があります。直接事業に関わり、利害関係が生じる主体もあれば、その事業が起きることにより競合関係になる主体もあり得ます。また、直接的に事業に関わらなくても、環境や景観、生活、地域活性化の面から事業に関心を持つ主体もあります。

再生可能エネルギーの中では、木質バイオマスのエネルギー利用がもっとも多くの主体が直接、間接的に関わります（図２）。

例えば、木質バイオマス発電では、発電所に向けた木質バイオマスの生産流通に直接関わりを持たなくても、未利用材の需要増にともなって間伐等が促進され製材用材が多く出るようになり、従来の需給関係が変わるなどの間接的な影響は起きやすくなります。

地域住民にとっては、電力という社会の基礎的インフラを供給する事業者が地域にでき、新たな就業先になる一方で、木質バイオマス発電所が木材の燃焼を行う工場であることから、道路交通、音・臭い、粉じん、排温水等の生活環境の面で関係することになってきます。

市町村などの自治体にとっては、各種許認可対象としてだけでなく、地域のエネルギー政策、森林・林業政策、産業振興や地域活性化など様々な面で関係します。

木質バイオマス利用の場合、地域住民の森林への関心が高まり、森林ボランティアや自伐林家の育成、ＮＰＯによる森林整備活動などに結びつく例もあります。

森林資源、エネルギー、地域自治や防災などの面から、再生可能エネルギーの導入について、直接的に事業に関わらない地域の主体についても、合意形成対象として参画するしくみが必要

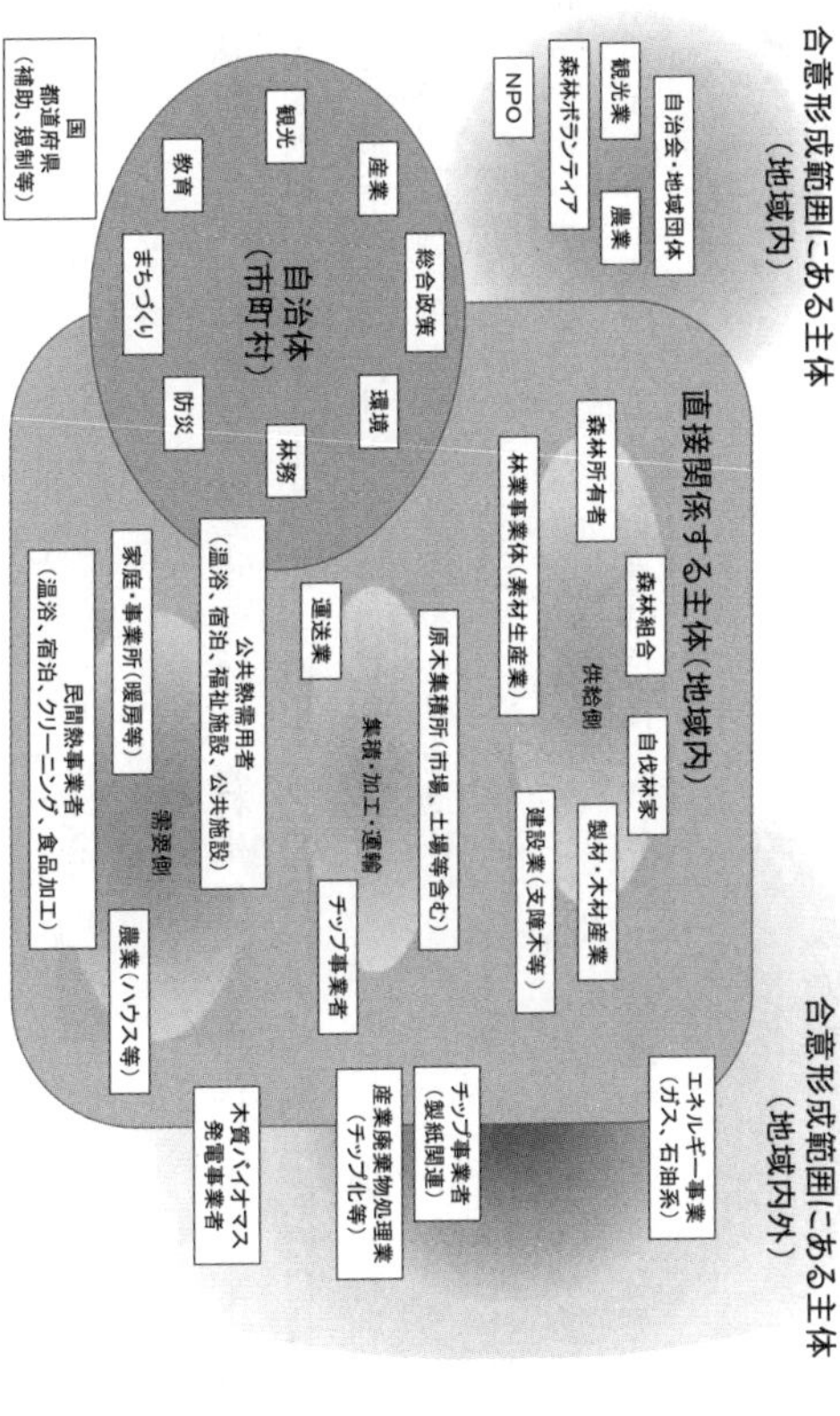

図2　木質バイオマスエネルギーの利用、自治体の機能と合意形成範囲

です。

供給側

供給側…森林所有者、森林組合、林業事業体（素材生産業）、自伐林家、土木建設業

燃料となる木を所有、伐採する主体です。搬出の必要量により、小規模の自伐的な生産が主流になる場合と、森林組合等の生産システムに組み込む場合があります。燃料利用は、安定供給が必須ですので、計画段階からの参画が欠かせません。

地域内外における既存のエネルギー事業者（ガス、石油系）は、熱利用の場合等で、競合事業体になる可能性もあります。一方、同種の事業であるため、これら事業者が燃料販売を行う等、再生エネルギー事業に関わることで地域全体の取り組みに転換することも可能です。

集積・加工・物流

集積・加工・物流…原木集積所（市場、土場等を含む）、チップ事業者、運送業

木の燃料化は、集積→乾燥→季節調整の在庫管理→加工（チップ、ペレット、薪）→需要先へ運ぶといった工程があります。これらを通常は供給側が行うことになりますが、需要側が担

うこともあります。既存・新設に関わらず、この機能が必要です。地域における事業収支に大きく関わる主体になります。

地域内外において、製紙用チップ製造事業者や、建築廃棄物等の処理事業者がチップ製造を行っており、新規事業主体を立ち上げることで競合関係になる可能性もあります。一方で、事業主体として参画してもらうことも検討できます。

需要側

需要側…公共熱需用者（温浴施設、宿泊施設、福祉関係施設、学校・役所等公共施設）、民間熱需用者（温浴施設、宿泊施設、クリーニング工場、食品加工工場等）、農業利用（ハウス、キノコ栽培等）、家庭・事業所（暖房等）、木質バイオマス発電所

熱利用の場合、既存化石燃料需用者の転換が考えられます。特に、公共系には様々な熱需要があります。転換の検討には需要者と供給者の合意形成をはかればよく、関係主体を最初からすべてとりまとめる必要はありません。

木質バイオマス発電の場合、地域内に発電所が計画される場合と、地域外の供給エリアにある場合では、位置づけがまったく異なります。地域内の場合には、設置に伴う課題と、地域活

性化に対する可能性の両面から積極的な関係性を築く必要があります。地域外の場合には、地域内の木質資源の供給先としての位置づけとなりますので、都道府県等と連携して関わり方を検討する必要があります。

調整機能の必要性

小規模な仕組みが多い熱利用の場合には、原木の収集、乾燥・燃料化、配送、品質管理、在庫管理、資金決済などの一連の流れを適正に運用していくための関係者間での調整が必要になります。木質バイオマス発電でも同様の調整は必要ですが、発電事業では事業構築の一環として吸収される手間とコストをどこで、誰が負担するのかが、課題となります。地域で木質バイオマスの利活用を進めていく上では、自治体を中心に、この調整機能を構築することが事業成功の鍵を握ります。

森林・林業振興と山村の地域活性化にとっての合意形成

木質バイオマス発電事業は、森林・林業、地域産業、自治体の様々な政策に大きな影響を与えます。うまく機能すれば地域振興となりますが、大きな問題が発生すれば関連事業者のみならず、自治体と地域住民に大きな負の影響を与えかねません。

例えば、ひとつの木質バイオマス発電所が地域にできるだけで、地域全体の未利用資源の供給可能量を満たしてしまう場合もあります。その場合、複数の木質バイオマス発電所が同一地域に併設されることは難しくなります。後から木質バイオマスを熱利用しようとしても、燃料がすべて発電所向けに集まってしまい、熱利用には回ってこないといった可能性も考えられます。

事業実施体制の構築は、木質バイオマス発電事業を行う事業主体の役割ですが、公益性や地域へ経済的影響、地域住民への影響や関心などを考えれば、事業計画の段階から、自治体は積極的に関与し、合意形成を行う必要が出てきます。また、自治体が木質バイオマス発電事業を誘致または事業に参画する場合には、自治体の役割はより大きくなります。

出典：農林水産省ホームページ「再生可能エネルギーを活用した地域活性化の手引き」を加工して作成

木質バイオマスの熱利用

(1)熱利用事業の考え方

木質バイオマス発電に適切に取り組める地域は限られる

木質バイオマス発電を成功させるには、製材用等用材の需要確保、素材生産作業のシステム化と木材流通の低コスト化とともに、長期的な森づくりビジョンの共有により、関係事業者が連携し強固な体制で取り組む必要があります。未利用材を主に燃料とする場合、森林資源の適正管理を考えれば、設置できる地域や発電規模は限られます。

熱利用であれば、地域の実情にあわせて導入が可能

地域活性化を推進する観点からは、小規模でも利活用可能な熱利用について検討する価値があります。熱利用は規模や燃料の種類にも幅があり、投資コストも発電ほど大きくはなく、地域の実情にあわせて導入することが可能です。

山村での熱利用は、需要を考えると、燃料消費量が発電ほど大規模でないため、急激に森林環境を変えるほどの影響を及ぼすことにはなりませんが、地域の燃料供給能力と需要状況にあわせて段階的に推進することが可能です。

需要から供給までの一体的な設計と体制構築により波及効果を生み出す

発電との基本的な違いとして、発電はＦＩＴ制度により最終的なエネルギー需要先（売電先）が価格・期間を含め決定しているのに対し、熱利用は、需要先の創出から供給、価格等を含めて自らつくり出す必要があります。熱利用では由来に関係なく木質バイオマス全般を利用対象

にできますが、森林資源、未利用資源の有効活用の観点から、需要から供給までを地域内で完結させ、地域の資源と経済の循環等を生み出すことも可能です。

地域活性化の観点で木質バイオマスの熱利用を地域に取り入れる場合、単に施設等の燃料を化石燃料から木質バイオマスに転換するというだけでなく、需要から供給まで一体となった設計と体制構築が必要です。そのため、自治体の役割が大変重要になります。

(2) 熱需要と利用形態の概要

施設における熱利用

木質バイオマスは、かつては薪炭として暖房、調理、風呂等に使われ、生活や産業に欠かせない熱源でした。現在は、薪、チップ、ペレットでの利用が主流で、家庭でのストーブ利用のほか、木質バイオマスボイラーによる施設の暖房・冷房・加温給湯、産業用では木材乾燥、農業用ハウスの加温、クリーニング、食品加工、製紙工場等で利用されています。

ボイラーには蒸気ボイラーと温水ボイラーがあり、蒸気ボイラーは、高温高圧の熱を必要とする場合（木材加工、木材乾燥、食品加工等）に用いられます。

自治体で導入する場合は、庁舎や福祉施設等の公共施設、学校、公営の温浴施設や集合住宅等が考えられます。また農業ハウス等への産業用利用を支援し産業創出を促進することもできます。

暖房利用が主の場合、夏期の需要が減少しますが、吸収式冷凍機を併用することにより、ボイラーで生産した温水を10℃以下の冷水に換え、冷房利用することもできます。

小規模地域熱供給

熱需要のある施設等が複数近接する場合、効率化のため熱生産設備（ボイラー）を集約し、生産した熱を分岐して供給する方法があります。欧州などでは「地域熱供給」として普及しているものの、日本では社会条件等から導入が難しいとされています。しかし、熱需要施設が集中しており熱導管の敷設が可能な条件がそろえば、小規模な地域熱供給が可能です。

一例として、北海道下川町では、既存の公共施設3カ所に1つのボイラーから熱（温水）を

表1　各熱利用施設における熱利用の特徴

利用先	用途	利用温度〔℃〕	熱源の温度範囲〔℃〕	備考
水産	陸上養殖	水温　20～30	45～20	季節的に需用大
	海面養殖	水温　10～30	30～10	季節的に需用大
	水産加工	温度　50～100	60以上	年間を通して需要大
	市場暖房	室温　15～25	40以上	季節的に需用大
	冷房・低温水槽	温度　5～8	80以上	二重効用吸収冷凍機用　175℃以上、季節的に需用大
	給湯	水温　50～80	90～70	季節的に需用大
農林・畜産	施設園芸暖房	室温　10～25	40以上	季節的に需用大
	土壌加温	土温　15～20	40以上	季節的に需用大
	潅水加温	水温　15～20	40～20	季節的に需用大
	冷温室・低温貯蔵	温度　5～8	80以上	二重効用吸収冷凍機用　175℃以上、季節的に需用大
	畜舎暖房	室温　10～25	40以上	季節的に需用大
	農産物乾燥	空気温　70以上	90以上	季節的に需用大

工業	容器殺菌・乾燥	温度　80～100	90以上	年間を通して需要大
	食品加工	温度　100～200	120以上	年間を通して需要大
	発酵	温度　20～50	60～30	季節的に需用大
	給湯	水温　50～80	90～70	季節的に需用大
	冷房・冷却	温度　5～8	80以上	二重効用吸収冷凍機用　175℃以上、季節的に需用大
	プロセス用途	温度　100以上	120以上	年間を通して需要大
冷暖房・給湯・地域熱供給など民生利用	暖房	室温　15～25	40以上	季節的に需用大
	給湯	水温　50～80	90～70	季節的に需用大　地域熱供給
	冷房	温度　5～8	80以上	二重効用吸収冷凍機用　175℃以上、季節的に需用大
	融雪（埋設式）	水温　40～	75～35	季節的に需用大
	融雪（散水式）	水温　20～	40～15	季節的に需用大
観光・レジャー利用	熱帯植物温水	室温　20～25	40以上	季節的に需用大
	暖房	室温　15～25	40以上	季節的に需用大
	冷房	温度　5～8	80以上	二重効用吸収冷凍機用　175℃以上、季節的に需用大
	給湯	水温　50～80	90～70	季節的に需用大
	温泉施設・クアハウス	水温　45	60以上	年間を通して需要大
	温水プール・水族館	水温　20～30	60～40	年間を通して需要大

資料　「バイオマス技術ハンドブック 導入と事業化のノウハウ」 一般財団法人 新エネルギー財団 編、一般財団法人 日本エネルギー学会 編集協力）

図３　小規模地域熱供給・公共施設等分岐模式図

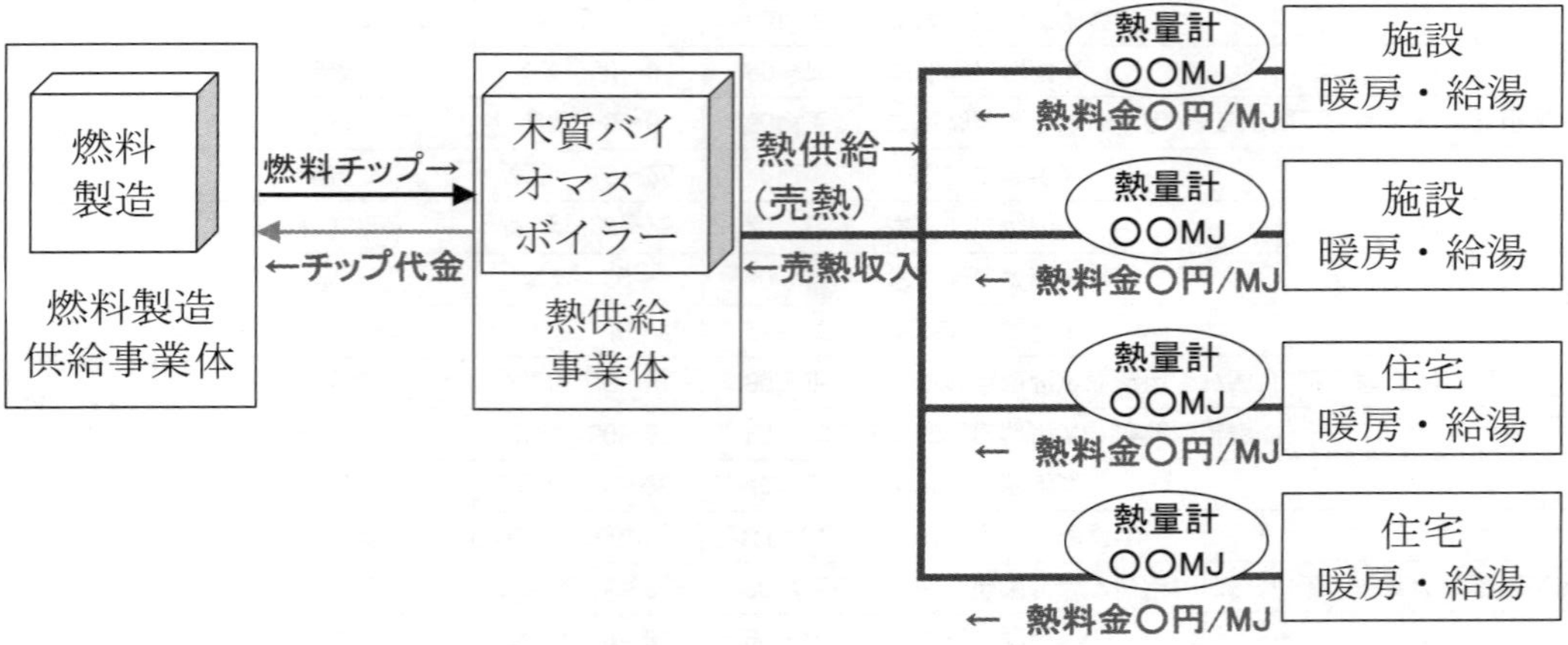

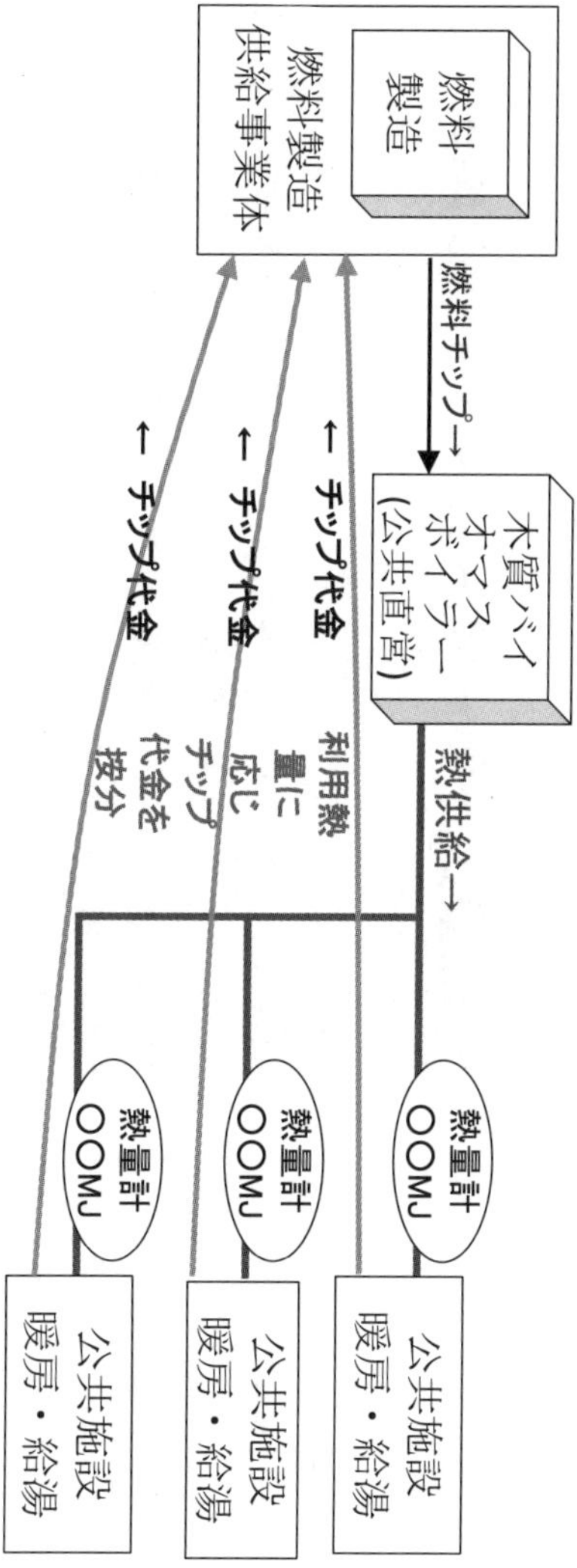

図4　小規模地域熱供給・売熱事業模式図

分岐供給しています。熱導管を地下2m、距離100m以内で敷設し、熱量計で各施設の熱消費量を計測し、チップ代金を按分して精算しています。

また、下川町一の橋地区や岩手県紫波町では、新たに街区を開発し施設や住宅地を建設する際に、その一角に木質バイオマスボイラーによる熱生産施設を建設し、熱導管により各施設・住宅に熱（温水）供給を行っています。熱量計で熱消費量を計測し、MJあたりの「熱料金」で精算します。岩手県紫波町の場合、熱供給を業務とする民間会社が、燃料チップを購入して木質チップボイラーで生産した熱を売熱するという新たなビジネスモデルを構築しています。水道やガスのように、ライフラインの1つとして熱供給を事業化する取り組みが始まっています。

(3) 木質バイオマスボイラー導入の概要

燃料・装置の種類と特徴

木質バイオマス燃料は、薪、チップ、ペレットの順で加工度が高くなります。加工度が低いほど製造に要するエネルギーとコストを低減でき、供給側（山側）の収入や経済的なメリットを生みやすくなります。一方で、薪、チップ、ペレットの順で自動投入など、需要側の使い勝手が良くなります。

燃焼装置は薪ボイラー、チップボイラー、ペレットボイラーがあり、薪ボイラー以外は運転がほぼ自動化されています。温水ボイラーは通常、蓄熱槽（貯湯タンク）と組み合わせて使用します。

薪ボイラー

（装置の特徴） 高効率薪ボイラーでも出力１００kW程度です。燃料供給は手動です。複数導入で中規模施設にも対応可能ですが、単独で規模の大きいものはありません。温浴施設等で加温・給湯・暖房用とラインを分けて複数併用している例があります。熱効率の低いものもあり、導入時には熱効率にも注意が必要です。

着火時には細い乾燥した薪、ゆっくり燃焼させるには太い薪など、同じ装置でもいくつかの形状の薪を組み合わせて使うことで、使用目的に応じた燃焼が可能です。

（燃料の特徴） 薪は、一般のストーブ用では長さ30㎝または45㎝ですが、ボイラー用では90㎝

など丸太や半割で投入可能なものがあります。

基本的には水分15～20％の乾燥品ですが、装置や運用条件によっては、水分40％程度の薪を使用することもあります。針葉樹、広葉樹による薪ボイラーの燃焼の違いはありません。

薪は、原木を伐採し、薪割りして露天または雨よけをして乾燥させます。薪割りには、動力付き薪割り機が普及しています。運送は、バラ、束、カゴ車、フレコンなど、需要量、供給方法は様々です。薪ボイラー利用の場合、燃料の安定供給の面から、地域内で生産、供給されるのが一般的です。

チップボイラー

（装置の特徴） チップボイラーは、小規模から大規模まで幅広く実用化されています。燃料供給を含めて運転はほぼ自動化されています。ボイラーの性能と燃料供給（送り込み装置）の性能で、チップ水分、形状等が決まります。

（燃料の特徴） 発電事業の項を参照。破砕チップ、切削チップがあり、原料も、原木、製材端材、リサイクル材等が使われます。主にトラック積みで運送、供給されます。なお、原料によっては燃焼後の灰の処理に注意が必要です。

ペレットボイラー

（装置の特徴） ペレットボイラーは、小～中規模で実用化されています。燃料供給を含めてほぼ自動化されています。

（燃料の特徴） ペレットは、圧力と熱により木の成分だけで結着します。カンナくずからつくられるホワイトペレット、樹皮からつくられるバークペレット、樹皮を含む原木からつくられる全木ペレットがあります。水分は概ね10％未満（原料樹種により異なる）で、粒状のため取扱い易く、国内外ともに広域流通されており、価格競争力がある程度必要です。また、製造にエネルギーとコストがかかることから採算面で量産体制が必要になります。安価で良質なペレットが流通していることから、乾燥したカンナくずのでる集成材工場等がある場合を除き、水分の多い背板や原木は製造コスト上不利になります。運送、供給は、大口ではフレコンが一般的です。

運用・ベース熱源としての活用

木質バイオマスボイラーは、化石燃料系のボイラーと違い、急な出力の変動には対応できません。停止すれば立ちあげまでに時間がかかります。チップボイラーでは、停止せず種火状態で最小限の燃料を燃やし続けることも可能ですが、燃料に無駄が生じ効率が低下します。24時間稼働の産業用等では安定稼働できますが、温浴施設での加温給湯等では日変動が大きくなります。変動の大きい施設に導入する際は、年間及び1日の熱消費量を分析した上で、蓄熱槽を使うことでベースラインの安定した熱需要を木質バイオマスボイラーでまかない、変動部分は化石燃料系ボイラーを利用するといった併用型にすることで、コストバランスのとれた運用を行うこともできます。

経済性・化石燃料ボイラーとの比較

大量生産されている化石燃料系ボイラーに比べ、オーダーメイドに近い木質バイオマスボイラーは導入コストが高くなります。今後、導入が進めばコストは下がっていくと考えられますが、化石燃料系ほどの低コスト化は難しいと考えられます。また、木質バイオマスボイラーは燃料サイロ等も必要なため、設置面積が広くなります。

一方、ランニングコストは、地域内で燃料供給体制と価格を決めれば、価格変動が小さく、安定します。化石燃料は、原油価格および為替相場により価格の変動が激しく、今後、長期的には高くなっていくと考えられています。木質バイオマスボイラー導入は、適切な規模の設備投資と木質バイオマス燃料価格設定によって、導入コストとランニングコストの累計で、化石燃料系ボイラーに比べてコスト削減がはかれる可能性があります。

資料：「木質バイオマスボイラ導入マニュアル（山形県最上地域 木質チップボイラ導入編）（山形県最上総合支庁 平成25年度）」、「木質バイオマスボイラー導入・運用にかかわる実務テキスト ㈱森林環境リアライズ他 平成24年度）」「木質バイオマスボイラー導入指針 ㈱森のエネルギー研究所 平成23年度）」「木質ボイラー導入の手引き（福岡県森林林業技術センター平成22年度）」

(4) 地域における需要創出と供給体制の構築

以上の概要を踏まえ、ここでは地域で実際に導入する際の手順に沿って留意点を整理します。

図５　地域における需要創出と供給体制の構築

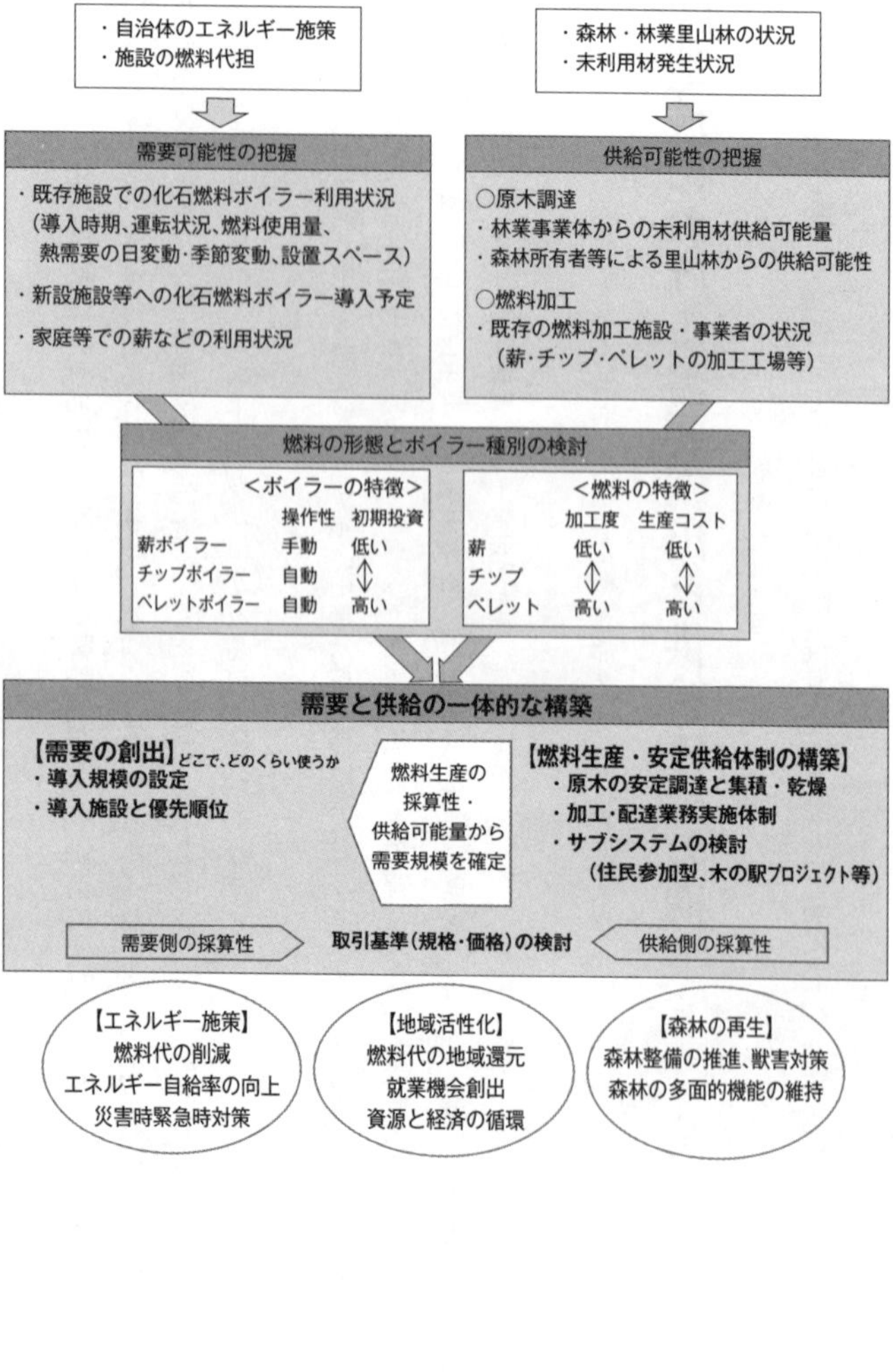

・自治体のエネルギー施策
・施設の燃料代担
・森林・林業里山林の状況
・未利用材発生状況
需要可能性の把握
・既存施設での化石燃料ボイラー利用状況
（導入時期、運転状況、燃料使用量、
熱需要の日変動・季節変動、設置スペース）
・新設施設等への化石燃料ボイラー導入予定
・家庭等での薪などの利用状況
供給可能性の把握
○原木調達
・林業事業体からの未利用材供給可能量
・森林所有者等による里山林からの供給可能性
○燃料加工
・既存の燃料加工施設・事業者の状況
（薪・チップ・ペレットの加工工場等）
燃料の形態とボイラー種別の検討
<ボイラーの特徴>
操作性　初期投資
薪ボイラー　手動　低い
チップボイラー　自動
ペレットボイラー　自動　高い
<燃料の特徴>
加工度　生産コスト
薪　低い　低い
チップ
ペレット　高い　高い
需要と供給の一体的な構築
【需要の創出】どこで、どのくらい使うか
・導入規模の設定
・導入施設と優先順位
燃料生産の
採算性・
供給可能量から
需要規模を確定
【燃料生産・安定供給体制の構築】
・原木の安定調達と集積・乾燥
・加工・配達業務実施体制
・サブシステムの検討
（住民参加型、木の駅プロジェクト等）
需要側の採算性
取引基準（規格・価格）の検討
供給側の採算性
【エネルギー施策】
燃料代の削減
エネルギー自給率の向上
災害時緊急時対策
【地域活性化】
燃料代の地域還元
就業機会創出
資源と経済の循環
【森林の再生】
森林整備の推進、獣害対策
森林の多面的機能の維持

熱需要の探索と創出

木質バイオマス熱利用の導入を検討するには、まず、地域内での熱需要を探索します。具体的な導入先や燃料形態・供給方法、地域の供給能力の見立て等によってボイラー種別が変わってきます。検討時点では可能性のある施設についてなるべく多く情報を集め、選択や優先順位の検討ができるようにしておきます。

既存施設（化石燃料ボイラーからの転換）

導入を検討しやすいのが、既存の化石燃料ボイラーからの転換です。

既存の中～大規模の公共施設・温浴・福祉施設等の化石燃料ボイラーについて下記を確認します。

・導入時期（15～20年程度で耐用年数を迎え更新の可能性があるため）
・熱の用途、稼働状況、熱消費量（日変動、季節変動）、燃料使用量
・設置スペース（木質バイオマスボイラーは本体が大きく、燃料置き場が必要）

新築施設（公共施設や開発住宅地等での小規模地域熱供給の可能性）

公共施設が複数近接している場合や、公共施設・住宅地等の新規開発計画がある場合に、木質バイオマスボイラーの導入や熱導管の敷設等について検討することができます。

高齢化、人口減少などに伴い、公共施設や公共サービスアクセス改善のための施設整備、住宅整備等のインフラ整備などを検討する際、電力、熱、ガス等を含めたエネルギー自給、防災対策を検討し、その中に、木質バイオマスの熱供給を組み入れたスマートシティやスマートタウンを形成できる可能性があります。自治体の総合計画や各種エネルギー計画、防災計画等を検討する際の1つの検討要素にしておくことも必要です。

安定供給体制の構築

需要側が安心して木質バイオマスボイラーを導入できるよう、しっかりした安定供給体制をつくる必要があります。

燃料供給の基本工程は発電と同様ですが、前提条件として異なるのは、熱利用では燃料形態及びボイラー種別の選択が必要であること、トレーサビリティが不要であること等です。導入施設側の熱需要の状況や使い勝手、活用可能な既存の木材加工設備や木質資源の集積状況、森林施業状況等を踏まえ、総合的に検討する必要があります。様々な要素が相互に関係するため、複数の可能性を念頭に、供給・加工・需要側の関係各者が一緒に検討することで地域に最適な方法が絞られ、実施体制の構築につながりやすくなります。

原料調達方法の検討

燃料の原料となる木質バイオマスは、林業事業体等から未利用材を安定的に確保することを前提に、支障木の有効活用や住民参加等の仕組みを検討します。

地域としての供給可能量を把握するには、下記のような点を確認します。

・森林や里山の管理状況
・入手可能な木質バイオマスの状況（自治体の「バイオマスタウン構想」等を活用）
・地域の林業事業体の素材生産状況、集材方式と林地残材発生状況
・搬出供給に必要な条件（価格、機械利用、林道状況等）と供給可能量（ヒアリング）
・森林所有者等へのヒアリングやアンケートを通じた森林・里山整備への意向確認

（整備の必要性を感じるか、境界はわかるか、整備を委託または自ら搬出するための条件等）
・近隣の土木支障木等の収集・処理状況

住民参加型の収集は、施業集約化や作業システムの効率化がしにくい場合や、農地まわりの小規模な里山林整備等が課題である場合などに、現実的な手法として機能する可能性をもっています。

ボイラー種別・燃料形態の検討

ボイラー種別は、需要先候補施設での熱利用状況、燃料加工体制（薪・チップ・ペレット）の可能性等から検討します。以下のような要素について、燃料・ボイラーの特徴を踏まえ検討します。

・需要先候補における熱需要と利用形態
・現況の地域内木質燃料利用実態（既存で木質ボイラーを入れている製材所や施設等）
・既存の燃料化施設（チップ工場等）の有無と活用可能性

これらから燃料形態を絞り込み、燃料生産のコストや採算性について検討します。
・燃料生産コストの検討（既存施設の利用可否も含む）
・原木調達～加工～価格及び販売量のシミュレーションと採算性の検討を行います。
地域の熱需要量とのバランスを考え、燃料の価格・ボイラーの熱効率と燃料としての経済価値・燃料の生産量と販売量（地域内外）、等の諸条件を勘案し、燃料形態とボイラー種別を検討します。
参考：燃料（チップ、ペレット、薪）の生産規模と生産コスト試算例「宮津市木質バイオマス活用ビジョン（京都府宮津市平成20年度）」

燃料加工・供給体制の検討

木質バイオマス燃料の生産供給は、原木調達・加工・運送という一連の作業を含み、原木購入から加工・販売までが1つの事業として成り立ちます。集積・保管乾燥・加工を行う場所を検討するとともに、産業創出・就業機会創出の観点から、その実施体制（実施主体）について検討します。

需要の確定

最初に可能性を調査した需要施設の中から、燃料の利用形態や供給方法の検討をふまえ、地域からの燃料供給能力を勘案して需要規模（導入箇所数・燃料利用量）を決定します。

燃料製造・供給業務の事業化や、段階的導入、将来的な見通し、地域で取組む意義等をふまえ、供給能力規模等にあわせて優先度や選択ができるように情報を整えておくことが、計画的な熱利用事業構築を進める上で有効です。

（資料「紫波町地域新エネルギー重点ビジョン（紫波町　平成22年度）」）。

例えば、5カ所への一斉導入と薪1300tの需要を確定した例（徳島県三好市）、数年かけて5カ所への導入とチップ年2000tの需要を確定した例（島根県雲南市）などがあります。

(5) 持続可能な森林資源管理に向けて

持続可能な森林資源管理

熱利用での木材消費量は発電と比べ少ない量ですが、未利用材活用により森林再生と森林資源の総合的利用を進めなくてはならない点は同じです。山村地域では、針葉樹人工林の荒廃という問題だけでなく、農産物への獣害被害や生活環境への土砂災害など生活に直結する山の課題が存在しています。そのような課題を踏まえ、将来的な森林の姿と整備・活用のビジョンを描き共有することが重要です。

事例では、森林経営計画策定や素材生産がほとんどない中で松枯れ材活用を中心に熱利用に取り組み、その一方で、将来的な木材産業構築と森林再生のため、素材生産業者や製材加工業者・工務店等が連携組織をつくり、オリジナルの町産材住宅建設を推進している例があります。

森林所有者・市民参加による新たな展開

施業の集約化・効率化がしにくい森林や小規模な里山林では、森林の放置、荒廃が課題となることがあります。森林所有者が森林組合等に整備を委託すると負担が大きくなるため放置せざるを得なかったり、不在所有者となっている例もあります。そこで、森林所有者や市民参加による木質バイオマスの収集システムをつくることで、整備がすすむ可能性があります。

自治体などが、荒廃林を持つ森林所有者や、自然とのふれあいなど森林に関心を持つ地域住民、周辺都市部住民等に呼びかけて参加者を募り、安全研修等を行います。参加者は、チェーンソーと軽トラなどで未利用材を伐採・搬出し、それを燃料化を担う事業体等が買い取ります。

この買い取り対価の一部（全部）に地域振興券や地域通貨等のしくみを取り入れることで、地域の商店等での利用など地域経済とのつながりや経済循環をつくりだすこともできます。このとき、地域通貨の原資を地域の荒廃林等の森林整備費用として位置づけ、自治体が支出することで、燃料化する事業体が安定して購入できる体制を整え、かつ、買い取り価格の下支えにより、森林所有者等に整備・搬出の動機をつくることができます。

このようなしくみをつくることで、荒廃林の問題、エネルギー自給の問題、多様な主体の森林への関わり、資源と経済の循環といった複数の要素を、連鎖的に動かせる可能性がもたらされます。

また、これらをきっかけに森林に人が多く入る環境をつくることで、所有界や不在所有者の問題等の解決の糸口に繋がる可能性もあります。森林所有者が再び自身の山に入るようになれば、山菜やきのこの活用等、里山林の多様な利活用へと展開する可能性もあります。

広葉樹林・里山林の活用と再生

広葉樹林や里山林では、森林所有者や住民参加による整備・搬出活動が有効に機能する可能性があります。搬出等に手間がかかるため、木材のエネルギー価値をできるだけ有効に利用できるよう、なるべく搬出後の加工度を抑え、高効率の燃焼装置での利用が求められます。近年は高効率の薪ボイラー・薪ストーブが普及しはじめ、災害時の備えとしても薪燃料が見直されてきていることから、地域内外に薪として販売する方法も考えられます。

かつてのように萌芽更新による持続的な管理手法の再生が求められますが、すでに大径木化して地域住民には伐採が困難な状況になっているところも見られます。そのような場合は、初期整備を森林組合等との協働により行い、萌芽更新のサイクルを取り戻し、以降は森林所有者や地域住民が主体となり整備活用を推進する等の方法が考えられます。なお、ナラ類は樹齢が50～60年生以上になると萌芽能力が衰えることが知られています。また、小面積皆伐等を行った場合は、外来のパイオニア種や竹が入り、ナラ類が育つ前に優占種となってしまうことがあります。そのため伐採後も経過を観察し、場合によっては、実生からの天然更新、あるいはその場の種子から苗木を育て植樹する等の方法により更新がなされるよう、下刈り等の管理を数年継続する必要があります。

里山林は集落に身近な森林であり、山菜・きのこ等の林床副産物や落ち葉などの活用、子どもたちの自然体験の場、都市住民や企業等を対象とした保健休養の場等としての活用が考えられます。薪づくりや苗木の育成などが体験活動の1つにもなり、それを通じて里山林活用の知恵を継承できる機会にもなります。

エネルギー利用に加え多様な利活用を現代社会にあったかたちで蘇らせ、森と人のつながりを再生する視点が重要です。

（資料「里山林を活かした生業づくりの手引き（東京農業大学農山村支援センター　平成24年度）」）

森林・山村多面的機能発揮対策の活用

林野庁は、平成25年度から、森林・山村多面的機能発揮対策事業を実施し、森林所有者と森林資源を活用して取り組む人たちをつなぎ、多くの人が森林に関わる取り組みを応援しています。この事業を活用して、岩手県紫波町では、「間伐材運び隊」をエリアごとに組織し、林内に放置された間伐材、松枯れ木などを運び出し、薪やチップとして活用し、木質バイオマスの熱利用を推進するとともに、森林再生を目指す取り組みを行っています。

薪ボイラー導入の手引き

特定非営利活動法人 地域再生機構
森 大顕（岐阜市）

どのようにすれば地域に導入できるのか

地域で薪ボイラーを「知る」ことが重要

自伐林家の育成や木の駅などを取り組む地域で、「薪ボイラー」が導入されることが増えてきました。今後、一層の普及が期待される中で、地域でエネルギーの地産地消をすすめるための薪ボイラー導入の考え方を整理して記載します。

私が所属する地域再生機構では、いくつかの地域で薪ボイラー導入に携わってきました。その経験から、概ね図1のようなプロセスで進むことがわかりました。

図1　薪ボイラー導入のプロセスの例

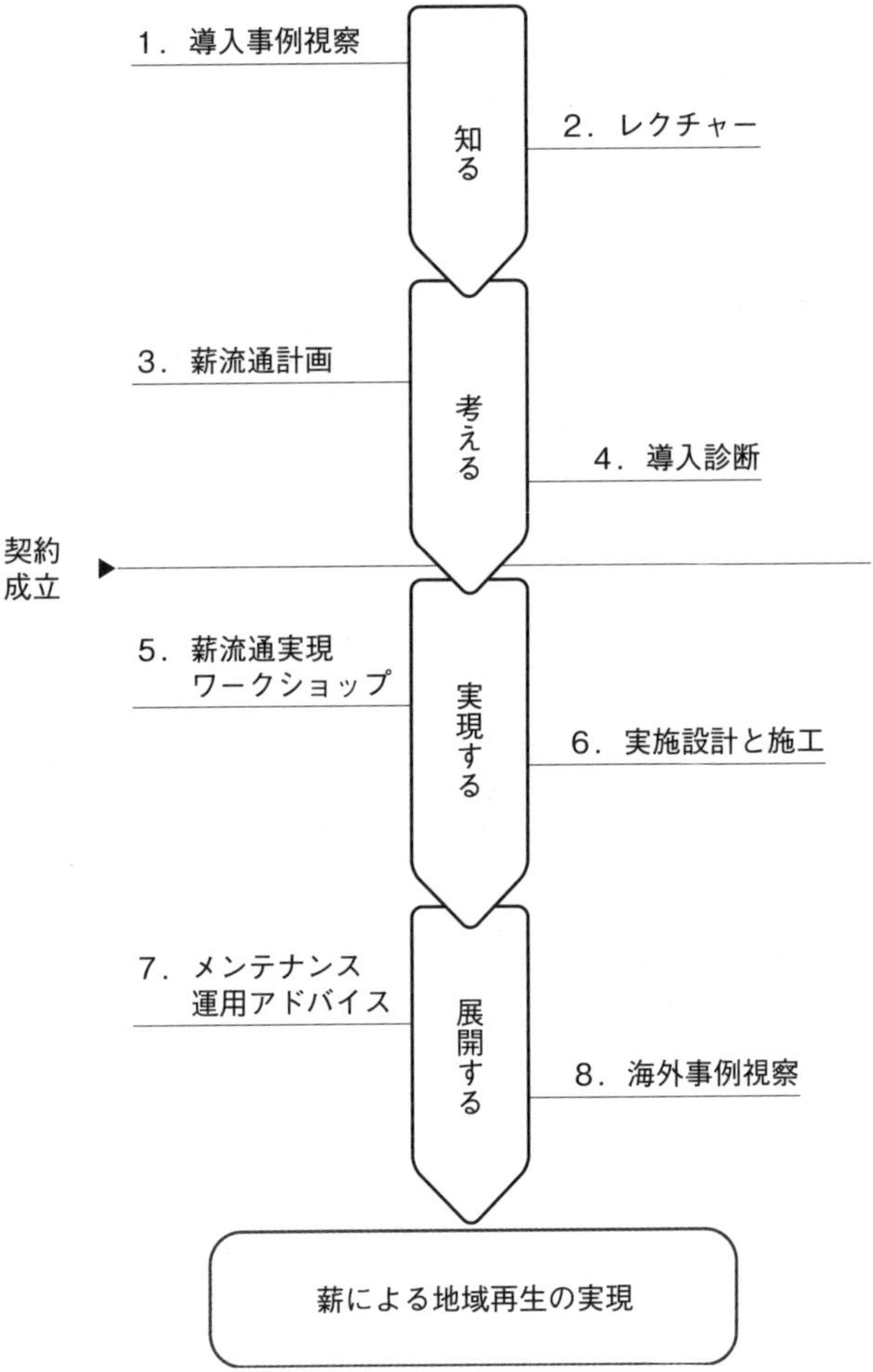

まず、地域の中で、行政職員か地域づくりに取り組むＮＰＯや住民の方から、連絡があります。ぜひとも、薪ボイラーを導入したいんだと熱い声が聞かれます。そのような連絡をいただける方は、導入を進める中で、核になる人です。私たちはこのような人たちを「地域主体」と呼んでいます。このはじめに、地域でやろうと手を挙げる人が最も実現のためには大切だと考えています。

次に、地域で薪ボイラーを「知る」ことが重要になります。薪ボイラーの導入には、原木の伐採、運搬、収集、加工、利用（薪ボイラーへの投入）、灰の処理まで、地域の多くの主体がかかわる事業です。これらの関係者が１つでも外れてしまうと、薪ボイラーは動きません。このため、このような関係者の方々に、薪ボイラーを地域で取り組むことについて知っていただき、成功イメージを地域で共有し、「なかなかいいなあ」とやる気になってもらう必要があります。そこで、はじめにお問い合わせいただいた方と、あれやこれや作戦を練り、地域の人たちと先に取り組みを行っている地域に視察へ行ったり、地域に呼んでいただき、講演をさせていただいたりして、できる限り多くの関係者の方に知っていただき、地域の仲間と機運をつくっていきます。手を挙げている人だけでなく、それに同調する人が現れ、組織化がされていくと、関係者が前向きになって行き、どんどん前にことが進みます。逆に、反対意見が多く出るようになると、なかなか地域で取り組みを進めることが難しくなるので、できる限り不安を解消し、取り組むためにハードルの低いものだと感じてもらうことが大切だと思います。こうなれば地域での推進主体の形成は十分です。

薪流通の計画、施設での薪ボイラー導入を「地域で考える」

次のプロセスは、「地域で考える」ということです。主に2つのことをします。1つは、薪流通についての計画づくりです。地域にある資源（担い手、原木や製材端材の集まる場所、土場、運搬や加工の機材、利用施設など）を整理して、薪流通の計画を立てます。核になる関係者が集まってワークショップ形式で検討すると合意がとりやすいです。また、計画を検証するため、実際に薪を割るワークショップも有効です。関係者の実感がわき、地域の興味のある主体を巻き込むことができます。このようにして計画づくりを行い、手段と担い手とコストをできる限り明確にし、おおよそ薪の価格が決定できます。

それと平行して、地域でお湯や暖房のためにエネルギー（灯油、重油、ガス、電気）を多く使っている施設で、薪ボイラーが導入できるのか、簡単な検討をします。視点は、①物理的に導入できる施設なのか、②導入してコストメリットが得られるのかという2つです。

①については、薪ボイラーや付属設備を置くことができる空間があるかどうか、また薪ボイラーを配管に接続できるかどうかを確認します。②については、薪ボイラーに変えたときに、既存施設の月々の燃料使用量と単価より、どれだけ経済的にメリットがあるのか検討を行います。施設単体のコスト削減だけでなく、地域への経済効果や雇用面での雇用面での経済効果を試算されることも多くなってきました。これらは、専門的な内容も含まれるため、コンサルタントへお任せするほうがいいかもしれません。無償やわずかな謝金で行ってくれるコンサルタントもあります。

この地域で考えるというプロセスで、実現性が高いという結論になれば、いよいよ公共施設であれば予算化ということになります。通常、補助金を得られることが多いようです。せっかくもらえるので、多くの地域で補助金申請の準備も行われます。ここまでの「知る」と「考える」プロセスで通常1年くらいかかります。次の1年間で、実施設計と施工を行い、計画に基づいて必要な段取りを行い薪製造が開始され、晴れて実現ということになります。

薪は他の燃料に比べ、含水率、形状、手で投入するなど、不確定な要素の多い燃料です。導入後すぐに、効果の出ないことも多く、薪流通と薪ボイラー設備の両面で、常に運用を改善していき、よりよいやり方を求めていくことが必要です。そうすれば、必ず効果はついてきます。

地域で薪ボイラーに取り組むメリット

これまでC材の活用先は主に製紙用のチップでした。これは、世界規模で流通するもので、木質バイオマス発電の乱立で上昇の傾向がありますがまだまだ低価格（運賃を引いて原木で2000～3000円／㎥ほど）です。そのため、もっと高い価格で原木を販売できる方法を模索する中で、ボイラーやストーブ用の薪が注目を集めています。

実は、同じ薪でも地域で取り組む上で、ボイラーとストーブ用の薪は大きく違います。ストーブ用の薪は、多くの人が趣味で使うので、非常に高価で、原木の買い入れ価格も高く（5000～7000円／㎥ほど）なります。ただし、売れるかどうかがわからず、在庫を抱えるリスクもあります。

一方で、薪ボイラーはチップほどではないにしろ、作れば利用量までは、必ず買い取ってもらえます。ただし、他の化石燃料や電気とエネルギー単価の勝負になるため、原木価格としても3000～5000円／㎥程度で、ストーブ用の薪よりも高くありませんが、チップ材よりも高い価格で販売することが可能になります。また、これは薪ボイラーが稼動している間、常時買取ができるため、非常に安定した事業できます。また、ストーブ用で薪を作っている地域でも、薪ボイラーを導入することで、製造時に出る端材やバークなども、薪ボイラーで燃やすこともできるため、ごみが出ず、資源を有効活用できることもメリットです。

その他にも、薪製造に誰でも参加でき、誰でも利益を得られることがメリットとして挙げられます。チェーンソーと軽トラは山村では誰でも持っているので、後は数十万の薪割り機ではじめることができ、大きな機械は不要で低投資・低リスクです。薪割り機を使うと、力が要らず、女性でもできます。薪ボイラーを導入する施設側でも、手で投入する分、自動燃料投入装置がないため、安価にでき、その分、雇用として人に投資できることも地域の大きなメリットになります。

薪ボイラー導入のコスト

薪ボイラーの導入にかかるコストは、薪流通と薪ボイラー導入の両者の初期投資とランニングコストからなります。それぞれの項目を積算すると、おおよその価格が出てきますので、地域で取り組む際に参考としてください。

その際、重要なのは、薪流通と薪ボイラー導入施設のランニングコストのバランスです。薪流通で多くのコストをとってしまうと、結果的に薪が非常に高くなり、薪ボイラー導入施設側にしわ寄せが行きます。逆で、薪ボイラー導入施設側が安い薪を要求すると、薪流通側がやっていけなくなります。薪を有価で流通させる事業は、多くの利益が得られるものではないので、地域の中で適切な利益分配を行わないと、持続可能な仕組みにはなりません。息の長い事業なので、関わる方が無理せずやっていけるように、相互に信頼関係を築けるよう、留意してください。

薪の供給体制―製造する薪の決定

薪の流通体制は地域でどのような薪を製造するかによって異なります。現在、薪ボイラーとして流通しているものに利用されている燃料は、①２ｍ近い丸太、②１ｍ小丸太、③１ｍ割り薪、④50㎝割り薪の４種に分けられます。どの薪を製造するのかは、地域の薪流通の担い手の意向、確保できる土場の広さ、施設の薪投入の体制、エネルギー単価を総合的に勘案して決めます。

はじめに、地域の担い手の意向は、①から④まで加工度が高まっていくため、流通側としてどこまで、手をかけられるのかが問われます。

次に、確保できる土場の広さは、薪の原料を収集するのにも、加工して乾燥させるのにも、大きな土地（年間３００㎥の薪で1反程度）が必要になります。山間地では物理的にこの土地が取れないこともあり、その様な土地では①や②のような丸太のほうがメリットがあります。

３つ目に、施設の薪投入の体制ですが、薪は細かく加工され、乾燥されるほど、重量が軽くなり、着火も楽にでき、手離れもよくなります。逆に、２ｍの丸太などは、重たく、燃やしにくくなり、簡単には利用できません。このため、薪の受け入れ施設側で、どこまで薪投入に力を入れられるかによって、活用できるものが異なってきます。また、加工度が低いほど、含水率高くや表面積小さくなる傾向があるので、一般的に効率が悪くなり、薪の使用量が多くなる傾向があります。

機種選定

現在では、様々なボイラーが登場しています。薪ボイラーを選ぶ上での視点は、「必要な出力規模」、「地域で製造できる薪の質（形状、含水率）」最も重要なポイントになります。

機種選定では、導入予定の施設に適合する出力規模を計算し、選定します。その出力規模に合う、能力ボイラーの絞込みを行います。この中で、地域で製造できる薪の質と合致していることを絶対条件に、価格、効率、使いやすさ、メーカーの設計力や配管システム、メンテナンス体制、安全性、デザインなど製品持つ価値を総合的に勘案して、決定することが一般的です。

この選定のプロセスは、地域の一部の人で決めるのではなく、薪流通に関係する主体が集まって、この地域にはどれがいいのか検討していくことが大切です。薪流通に関わる様々な主体の目で見ることで、最適な解を見つけることができ、運用後の協力関係構築にもつながります。

導入事例

現在では各地で多くの優良事例が出てきています。各地を視察で訪問し、ぜひ地域で取り組む際に生かしてください。ここでは、地域再生機構が関わった案件で、新たな取り組みを紹介します。

鳥取県智頭町智頭温水プール　―薪供給側が熱売買で取引き―

鳥取県智頭町では、木の宿場プロジェクトとして、２０１０（平成22）年度より木の駅プロジェクトが始動しました。そこから地域の中で地産地消のエネルギー利用を進めようと、温水プールに薪ボイラーを導入し、熱供給を行う取り組みが２０１５（平成27）年度より始まりました。ここでは、木の宿場プロジェクトが、シルバー人材センターと協力し、薪製造とボイラーへの薪投入や設備のメンテナンス等の運営まで、一手に引き受け、薪ボイラーより出された熱を販売する事業を行っています。

これまで、薪投入が導入施設側にとって大きな負担で、導入が進まない大きな理由になっていましたが、薪供給側が投入や清掃まで行うことで、ハードルを下げることにつながりました。薪加工と薪投入、設備運営を担うのは、シルバー人材センターから派遣された3人スタッフで、薪シフトを組み、交替で働いています。1日に最大4回、3時間に1度薪を投入する合間に、薪製造や運搬の業務を行うことで、切れ目なく、働いてもらうことができるシフトを完成させました。働いているシルバーさんも、勉強熱心で、運用にかなり習熟してきました。電気式ヒートポンプという非常に安いエネルギーとの競合ですが、持続的な運営ができる兆しが見えてきています。

岐阜県大垣市上石津町　―地域の力で取り組む手作り温泉の薪ボイラー―

大垣市上石津町では合併前に温泉を掘りましたが、施設はなく、温泉スタンドがあるだけで、この温泉を活かしたいと、地域で温泉施設の研究を重ねられてきました。その後、研究だけでなく、実際にお湯を体験できる場所を作りたいと、コミュニティセンターを改装して、小さな温泉施設を実験で開設しました。この温泉は、地元木の駅プロジェクトで集めた間伐材を薪にして、この温泉の熱源にしています。

高性能な薪ボイラーは専門性が高く、都会の専門企業でしか、導入できないと考えられてきましたが、このプロジェクトでは、地域の力を結集して、導入しようと考え、実際の工事では、木の駅の委員長の大工さんを中心に、水道屋さん、電気屋さんで十分に施工でき、難なく稼動を開始できました。2年間の実験の中で、大きな故障もありません。この取り組みをＤＩＹを文字って、ＤＩＣ（＝Do It Community-self）と呼んでいます。地域力で行うことで、安く導入できただけでなく、不具合がある際にも、自分たちで素早く修理でき、可能性を感じられるプロジェクトです（上石津町のＤＩＣについては、次項をご覧ください）。

地域の力でできる―薪ボイラーＤＩＣマニュアル

ＤＩＣ（Do It Community-self）とは『地域の力で自分たちでやる』という意味です。

薪ボイラーの施工は、専門家やメーカーのお任せではなく、地域に住む技術者の力を借りれば十分にできます。これによって、施工費や設備費を安くすることができ、導入しやすくなります。

私たちの経験から、どんなステップで実行すれば良いかまとめました。

Ｄ―Ｃの事例　「かみいしづ温泉 湯葉の湯」

私たちは地域に湧く温泉を使って、近くのコミュニティセンターに手づくりで、小さなお風呂をつくり、薪ボイラーを熱源にする社会実験を行いました。

ＤＩＣで気をつけること

うまくいかない場合は、地域で責任を持たないといけません。特に注意するべきことをまとめました。

まず、施工に対して責任を負うこと。自分たちの力量を見極め、綿密な計画を立てて、責任を持ってやりきりましょう。

次に、メーカーとのメンテナンス協議を入念に行うこと。トラブル時の役割分担を決めましょう。

最後に関係者との合意と行動がもっとも大切です。技術や労力を提供してくださる地域の方々、ＤＩＣで設置を許可してもらう施設の方々、ボイラーや配管設備を提供してくださるメーカーなど、関係者の合意を得て、実現しましょう。

必要な届出

薪ボイラーの設置では概ね必要となる届出は表1のとおりです。私たちの場合は、無圧開放型ボイラーで、規模が小さいため、消防署への届け出だけでした。

薪ボイラー施工までの段取り

●STEP1●仲間集め

職能を持った仲間を集めよう！

必要な仲間

①事業主、②大工／建屋工事、③水道工／配管工事、④電気工／電気工事、⑤山主／間伐材の調達

表１　薪ボイラー設置に必要な届出

法規の種類	施設の種類	手続き	必要になる規模	届出先
消防法	火気使用設備 貯留倉庫	届出	ボイラーの設置、 薪の貯留10m³以上	消防署
大気汚染防止法	ばい煙発生装置	届出	伝熱面積10m²以上、またはバーナー燃焼能力重油換算50L/h以上。これに当てはまると、年２回のばい煙濃度測定も義務づけられます。	県の地方事務所の環境部署
労働安全衛生法	小型ボイラー	届出	無圧開放ボイラーの場合は不要	労働基準監督署

●STEP２●薪の調達

だれでもできるので地域で取り組みましょう。薪の乾燥に時間がかかるので早めに取りかかりましょう（季節によって変動しますが、最低３カ月）。

必要なモノ

①軽トラ、②チェーンソー、③薪割り機

●STEP３●相談

どんなことを実現させたいか、薪ボイラーメーカーや専門家に相談。

●STEP４●設計

様々な条件を整理して、地域のベストプランを目指しましょう。

必要なモノ

①必要な熱量の計算（水量×（必要な湯温－現在の水温））、②プランニング（ボイラー、タンクの大きさ）、③配管の設計、④建屋の設計

●STEP5●機材購入と段取り

機材の漏れがあると、作業が遅れたりして大変。「いつ、どこで、だれが、何をやるか」を明確に。

チェックリスト

必要なモノ	[チェック項目]
□薪ボイラー	☑
□蓄熱タンク	☑
□熱交換器	☑
□ポンプ	☑
□配管	☑
□電気	☑
□バルブ類	☑
□保温材	☑
□建屋部材	☑
□基礎	☑
□煙突	☑

図2　薪ボイラー施工のポイント

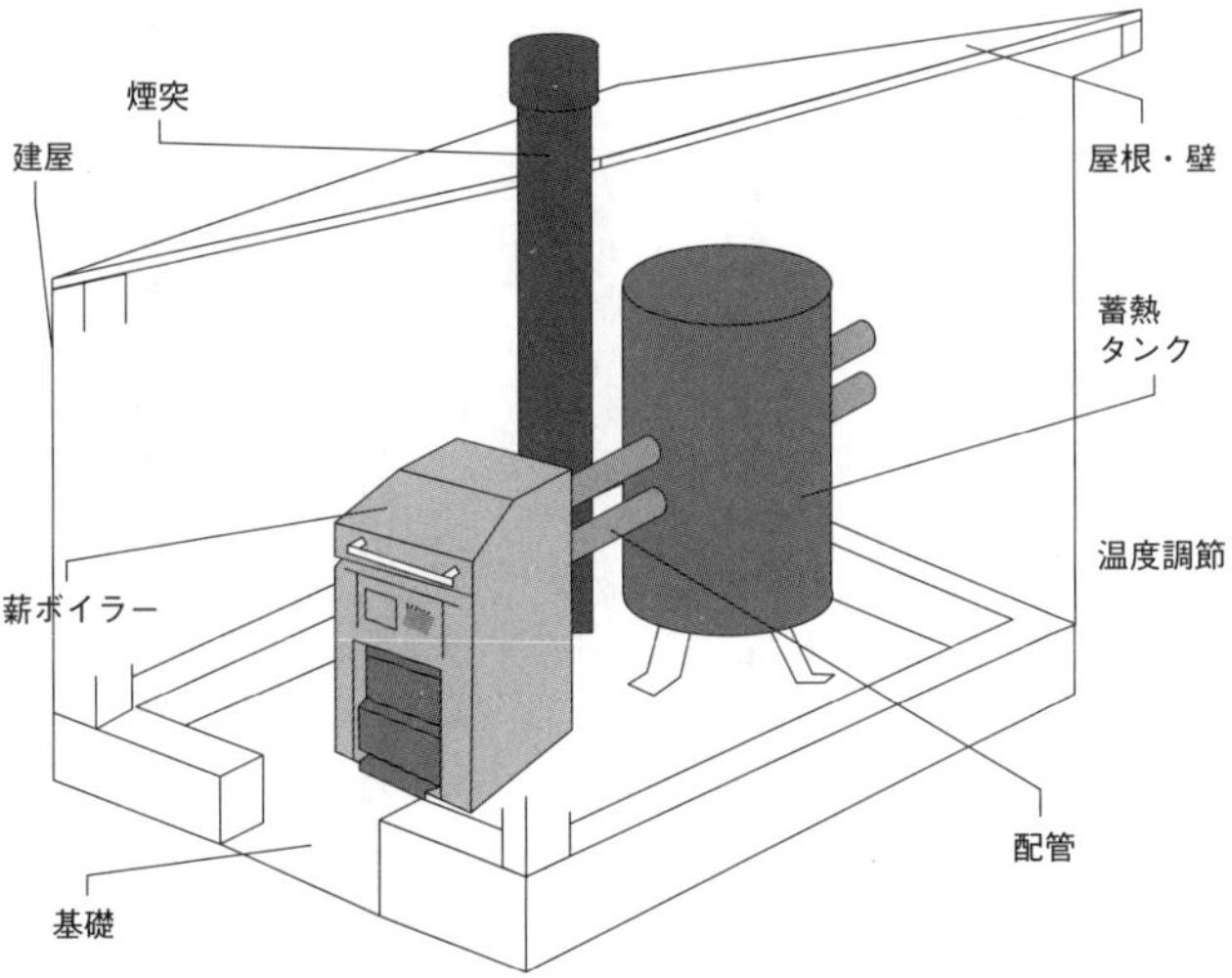

煙突
　薪ストーブ用の煙突で代用できます。断熱の可否はメーカーに要確認です。
建屋
　図面を消防署に確認して進めましょう。10㎡以上なら建築確認申請が必要になります。
薪ボイラー
　無圧開放型のボイラーを選ぶと、取り扱いに許可や届出、有資格者が必要なくなります。
基礎
　水平が保てることと加重に耐えられることが必須です。
屋根・壁
　煙突を抜く部分が雨漏りしないように気をつけましょう。
蓄熱タンク
　断熱性能の高いものを選ぶのが非常に重要です。今回使用したのは内部で熱交換の出来るタイプです。
温度調節
　ミキシングバルブで手動で調節する仕組みにするとかなり安くなります。
配管
　放熱と凍結を防止するために保温しましょう。部品交換と保守点検のためにバルブを付けましょう。

施工費・設備費が低減できました！

かみいしづ温泉湯葉の湯（ボイラー出力：40kW）の場合では、次の費用がかかりました。薪ボイラー本体280万円、配管27万円、蓄熱タンク120万円、建屋36万円、煙突24万円。合計487万円（税抜）となりました。

（※あくまで短期間の社会実験の価格）

DICに取り組んでよかったこと！

1．地域の中での施設の価値を高められます。

DICすることにより、地域の施設に対して愛着や親近感が沸き、利用率が向上します。さらに、困ったときに、関わった人から協力が得られ、自分たちで迅速に対処できます。

図３　A温泉（地域再生機構で積算した他事例）との経費の構成比比較（ボイラー出力:170kW）

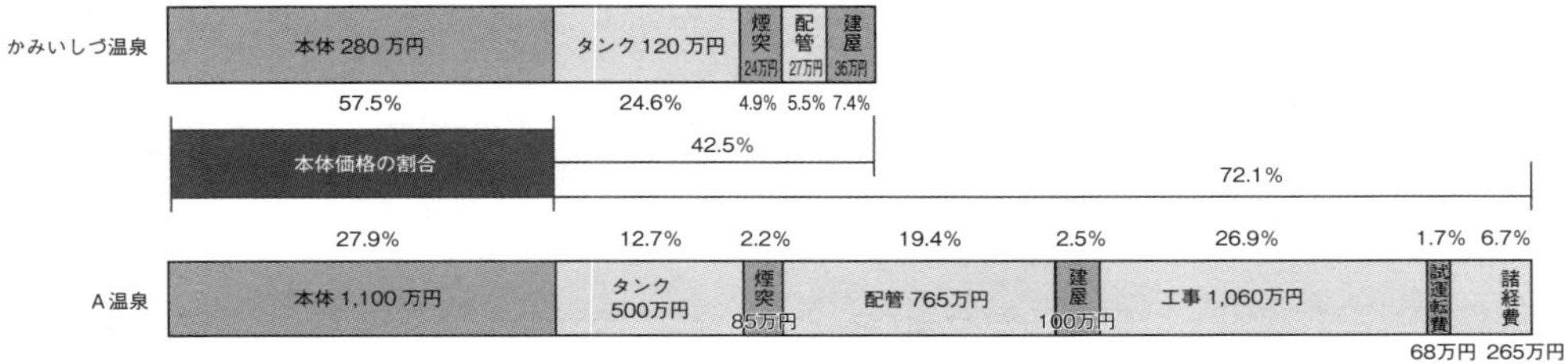

かみいしづ温泉はDICにより、全体における本体価格以外の費用が劇的に低減されました。本体価格との比率で、比較対象のA温泉と比べ、1/3程度に抑えられています。

2．地域に隠れる技術者の出番を作れます。
地域には建設、大工、水道工事、電気工事の経験を持つ多くの技術者が隠れています。それらの方々の地域貢献の出番を作ることができます。

3．地域のコミュニティを再生できます。
地域の関係者が一緒になって工事して、みんなで汗をかくことで、関係者間で信頼感が生まれます。

こんな施設なら導入できます

旅館、民宿、温泉、福祉施設、ビニールハウス、養魚所、製材所、店舗などなど、地域で使える可能性があるところはたくさんあります。お湯をたくさん使う施設を地域でぜひ探してみてください！

CO_2削減効果

かみいしづ温泉〝湯葉の湯〟の4カ月間の社会実験をした結果です。

薪ボイラーによる削減効果2・0t（A重油代替）

薪はカーボンニュートラルな燃料です。燃えて二酸化炭素を排出しても、木が成長するときに吸収してくれます。

お風呂シェアによる削減効果1・5t（A重油代替）

温泉に地域の方が入ることで、自宅でお風呂を沸かさなくても良くなるので、その分二酸化炭素を削減できます。ウォームシェアとも呼ばれています。

上石津ボイラーコンソーシアム会議　事務局　NPO法人地域再生機構「地域の力でできる‼薪ボイラーDICマニュアル」を加工して作成

本書の著者

相川 高信
三菱ＵＦＪリサーチ＆コンサルティング株式会社
環境・エネルギー部　主任研究員

伊藤 幸男
岩手大学准教授、岩手・木質バイオマス研究会代表

管 真由美
山形県最上町役場　農林課

紫波グリーンエネルギー株式会社

中岸 良太
徳島県三好市役所　林業振興課

小木曽 秀美
長野県根羽村役場教育長（元振興課長）

ＢスタイルＰＪ研究グループ
田内 裕之（森と里の研究所、元森林総合研究所）
鈴木 保志（高知大学）
吉田 貴紘、垂水 亜紀、北原 文章（森林総合研究所）
中山 琢夫（京都大学、元JST-RISTEX研究員）

三木 聡
株式会社相愛　木質バイオマス事業課長

森 大顕
特定非営利活動法人 地域再生機構

林業改良普及双書 No.182

木質バイオマス熱利用で エネルギーの地産地消

2016年2月25日　初版発行

著　者 ―― 相川高信　伊藤幸男　管 真由美
紫波グリーンエネルギー株式会社
中岸良太　小木曽秀美
ＢスタイルＰＪ研究グループ　三木 聡
森 大顕

発行者 ―― 渡辺政一

発行所 ―― 全国林業改良普及協会
〒107-0052 東京都港区赤坂1-9-13 三会堂ビル
電 話　03-3583-8461
FAX　03-3583-8465
注文FAX　03-3584-9126
H P　http://www.ringyou.or.jp/

装　幀 ―― 野沢清子（株式会社エス・アンド・ピー）

印刷・製本 ―― （株）丸井工文社

2016 Printed in Japan
ISBN978-4-88138-332-2